Rubén Martín Mosqueda

Hacer dinero *sin tener* dinero

SÉLECTOR

ACTUALIDAD EDITORIAL

SĒLECTOR ®
ACTUALIDAD EDITORIAL

SĒLECTOR ®
ACTUALIDAD EDITORIAL

Doctor Erazo 120, Col. Doctores, C.P. 06720, México, D.F.
Tel. (01 55) 51 34 05 70 • Fax (01 55) 51 34 05 91
Lada sin costo: 01 800 821 72 80

Título: HACER DINERO SIN TENER DINERO
Autor: Rubén Martín Mosqueda
Colección: Superación personal

Diseño de portada: Socorro Ramírez Gutiérrez
Ilustración de portada: iStockphoto

D.R. © Selector, S.A. de C.V., 2015
        Doctor Erazo 120, Col. Doctores,
        Del. Cuauhtémoc,
        C.P. 06720, México, D.F.

ISBN: 978-607-453-237-1

Primera edición: enero 2015

Sistema de clasificación Melvil Dewey

332
M16
2015

Mosqueda, Rubén Martín
Hacer dinero sin tener dinero / Rubén Martín Mosqueda.–
Ciudad de México, México: Selector, 2015.

152 pp.

ISBN: 978-607-453-237-1

1. Economía financiera. 2. Finanzas personales. 3. Manual.

Consulta nuestro aviso de privacidad en www.selector.com.mx

No importa si tienes razón o no.
Lo importante es cuánto dinero ganas
cuando tienes razón y cuánto dinero pierdes
cuando estás equivocado.

George Soros
(Magnate financiero)

No existen los atajos para llegar
a los lugares
que valen la pena.

Donald Trump
(Magnate inmobiliario)

La página web de apoyo didáctico

Es importante que ingrese a nuestra página web para enriquecer su formación profesional como inversionista estratégico. En ella tendrá acceso a:

- Respuestas a los problemas que aparecen en este libro.
- Asesoría *on-line*.
- Videos y estrategias.
- Conferencias motivacionales.
- Material de apoyo.

Para tener acceso a la página web deberá escribirnos al correo **riqueza.financiera@hotmail.com**

En nuestra respuesta le proporcionaremos:

1. La dirección de la página web.
2. La clave personal de acceso al material de apoyo que aparece en la página.
3. Un manual de navegación de la web.

Con esta clave usted tendrá acceso a nuestro portal y podrá recibir un sinnúmero de beneficios. En el e-mail, por favor, indique que desea que le enviemos la dirección de la página web y la clave de acceso.

Índice

Lo primero 9

¿Qué encontrará en esta obra? 13

Finanzas personales 15

1   ¿Es fácil ganar dinero? 25

2   Generación del dinero 31

3   Por qué funciona nuestra propuesta 35

4   Así funciona la economía 51

5   Técnicas para hacer dinero 73

6   Plan cinco 105

7   Breve curso sobre Forex 109

8   ¿Cuánto tiempo se necesita para alcanzar
    el éxito? 121

9   Evaluación de resultados 129

10 Caso global 135

11 Consultoría personalizada 143

    Bibliografía 147

    Acerca del autor... 149

Lo primero

Antes de todo, lo felicito porque usted acaba de comprar la **clave** que le conducirá al éxito económico.

¿Por qué nace esta obra? Por un profundo deseo de resolver un problema social de todos los tiempos: el trabajo esclavizador y poco remunerado.

Sin embargo, debo advertirle que **50% del éxito** del plan financiero, es decir, para que las técnicas que aquí se exponen sean exitosas, depende de usted, de su insistencia, de su capacidad para administrarse y de su **coraje** para dejar de ser una persona no-rica.

Durante muchos años de trabajar como profesor de **finanzas** y **economía** me he dado cuenta de que no existe una **cultura** correcta para cuidar e incrementar la riqueza personal. "Algo anda mal", me dije. Y, efectivamente, algo no funciona bien: "La forma en que concebimos el funcionamiento de nuestra vida más que entender cómo se debe manejar el dinero".

Quién no está **fastidiado** por andar tras el dinero, llegar a fin de mes, hacer hasta lo imposible por tener liquidez (dinero que le sobre) y pagar a sus trabajadores, pero, sobre todo, por ver cómo el dinero cada vez rinde menos…

En realidad usted lleva años trabajando y pareciera que no mejora su situación económica, al contrario, la vida que sueña nunca llega sino que se torna más complicada.

Además, paga mucho dinero por ese bien (auto, casa, muebles, etcétera) que le hace sentir que las condiciones son más difíciles para seguir teniéndolo.

¿Qué le parecería un plan financiero que, tras un par de años, lo hiciera rico? ¿Cuánto pagaría por su felicidad?

No hay una edad mínima ni máxima para comenzar con el maravilloso plan que le proponemos. Cada vez son más los jóvenes egresados de alguna carrera que encuentran pocas oportunidades laborales. El futuro se pinta de negro. Y los jubilados viven con pensiones de miseria.

Por otra parte, los empleados, en su mayoría, no tienen el dinero suficiente para vivir el sueño que tuvieron durante su carrera, incluso, el día a día se vuelve una tortura porque los sueldos no alcanzan a pagar el costo de su educación.

La gente adulta, los pensionados y los que jamás tuvieron un trabajo formal, sólo pueden esperar que un "chispazo de suerte" caiga sobre ellos porque cada vez hay menos oportunidades para sobresalir y vivir dignamente. Sólo **4%** de la población es **rica**, **8%** es de clase **media, 58%** son **pobres**, y **30%** vive en condiciones de **miseria extrema**. [Reporte del Programa de las Naciones Unidas para el Desarrollo (PNUD), 2013.] Así que... ¡Ésta es su oportunidad! Siempre han existido oportunidades, sólo es cuestión de saber dónde y cómo buscarlas. En este libro conocerá precisamente esos principios básicos y tendrá en su servidor un asesor permanente que lo orientará en esta guerra económica.

Rubén Martín Mosqueda

¿Qué encontrará en esta obra?

✓ Conocerá y aplicará las **técnicas** más importantes para hacerse rico.

✓ Aprenderá que **la ambición no es suficiente** para ganar dinero.

✓ Aceptará que el solo **trabajo** no lo impulsa al éxito económico que merece.

✓ Encontrará consejos y herramientas **prácticas** con las que podrá ganar dinero sin tener dinero de un modo efectivo.

✓ Aprenderá que existe una técnica **infalible** que le ayudará a no darse por vencido: ¡Porque **su plan** tendrá resultados!

✓ Encontrará **estrategias reales**, no quimeras ni buenas intenciones propias de esas modas de "pensamiento positivo" o de "hágase rico al instante"...

Finanzas
personales

Las finanzas personales son un **sistema** administrativo que permite a las **personas** incrementar su **patrimonio** mediante la correcta toma de **decisiones** respecto de dónde contratar créditos, en qué gastar y dónde invertir.

De la anterior definición destacan las **palabras**:

- Sistema
- Personas
- Patrimonio
- Decisiones

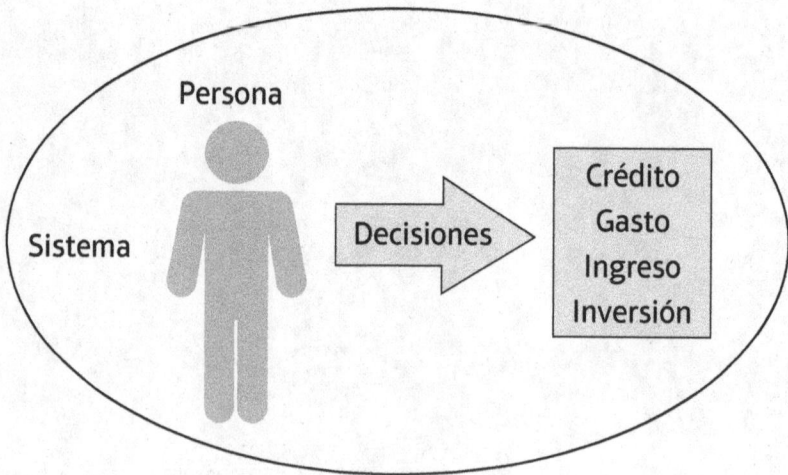

El **SISTEMA** es un conjunto de reglas, principios y acciones que funcionan con independencia de su postura respecto de la forma de generar riqueza.

Por lo tanto, no depende de la capacidad intelectual de las **PERSONAS**, sino de la **voluntad** y de conocer y poner en práctica dichos principios.

El **objetivo** principal de las finanzas personales es incrementar el **PATRIMONIO** de las personas. No todas las decisiones tienen efecto aditivo sobre nuestra riqueza. Es importante que usted conozca la diferencia entre una inversión y un pasivo, por ejemplo.

Asimismo, las finanzas personales se basan en la correcta toma de **DECISIONES** en temas de financiación, de gasto y de inversión. Es preciso, pues, determinar la mejor **alternativa** que verdaderamente contribuya a incrementar el patrimonio.

> Recuerde que las finanzas personales representan el sistema que permite que las decisiones generen excelentes resultados.

¿En qué consiste la correcta toma de decisiones?

Crédito

Debemos **contratar pasivos** sólo si éstos contribuyen a generar más **riqueza**. La tasa de interés debe ser la más baja posible. Asimismo, el pago por dicho crédito no debe provenir de nuestro sueldo sino del negocio o inversión a la que se destinó.

Es preciso que las ganancias obtenidas por invertir el capital proveniente del crédito superen el pago del mismo.

Así como usted adquirió un pasivo, es posible que le deban dinero. Al respecto, es pertinente aplicar una máxima que dice: "Pague al final del plazo y haga que le paguen de inmediato".

Gasto

Se refiere al gasto corriente que usted y su familia realizan durante un periodo de tiempo.

Es importante controlar este tipo de cuentas porque, aunque es un flujo necesario, no incrementa su patrimonio, al contrario, se reduce.

Una forma de mejorar este aspecto consiste en llevar un control sobre lo que se gasta durante un mes y, después, compararlo contra su ingreso ordinario (salario, por ejemplo). A partir de ahí, se puede establecer una meta de reducción de gastos en un plazo determinado. Un indicador conservador sería que los gastos no excedan 35% del ingreso.

En el siguiente ejemplo se nota claramente que una persona gastaba de más. Sin embargo, luego del **plan de reducción** los gastos sólo representan 37% de su ingreso.

	Antes del plan	%	Después del plan	%
Ingreso	10,000		10,000	
Gasto	4,800		3,700	
Gasto/Ingreso		48%		37%

Ingreso

Aquí se incluyen los ingresos que se reciben por el trabajo o actividad que usted desempeña.

Lograr que su ingreso crezca tiene relación con el aspecto fiscal. Pagar menos impuestos hará que su ingreso se incremente, esto supone que pueda deducir sus gastos y sus pasivos. Este procedimiento es engorroso y requiere de mayor control de sus actividades, pero es necesario para disminuir un gasto importante de su ingreso: los **impuestos**.

Adicionalmente, es posible que pueda conseguir un trabajo extra. En este caso, debe instaurar un plan que le permita permanecer ahí por un tiempo determinado, mientras está incrementando su patrimonio.

La mejor forma de iniciar un nuevo negocio es dedicarle parcialmente un tiempo e ir migrando, conforme vaya observando resultados, de su actual trabajo a su nueva actividad.

Inversión

Es quizás el aspecto más confuso. Suele llamarse inversión a lo que es un pasivo...

Inversión es aquella fuente de ingresos (ganancias) que, después de haber destinado un capital inicial, incrementa su patrimonio, es decir, **no supone un gasto sino un ingreso**.

Son **activos** que **generan más dinero**. Por ejemplo:

- Maquinaria para fabricar.
- Equipo de transporte del negocio.
- Un casa que alquila (renta).
- Compra de acciones que generan una ganancia.
- Inversión en un banco.

Dada la importancia de este tema, que es el principal causante de que no incremente su patrimonio, más adelante profundizaremos al respecto.

Recuerde que usted quiere y hará todo lo posible para que el sistema que le proponemos funcione.

Por ello es indispensable que recuerde esta vieja regla que le permitirá actuar de manera adecuada:

El **pobre** **GASTA**	⇨	Al no invertir siempre será pobre.
Las personas de **clase media** adquieren **PASIVOS**	⇨	Parecen ricos pero siempre están endeudados (auto, casa, muebles, etcétera.)
Los **ricos** adquieren **ACTIVOS**	⇨	Utilizan una parte de su capital para comprar bienes, activos que les produzcan más dinero.

Recuerde

✓ Tiene que poner en **práctica** el plan todo el tiempo, todos los días, todas las horas del día.

✓ El **sistema** funciona, pero usted lo puede echar a perder por no seguir estos consejos.

✓ Todos los hombres millonarios que conoce **pusieron en marcha este sistema**. Todos.

✓ La riqueza se genera sólo con **dinero** que entra y se queda en su patrimonio.

✓ La inversión **no es sinónimo** de comprar una casa a crédito.

✓ El precio final de la casa debe superar todos los pagos que dimos por el crédito, de lo contrario, no se puede considerar inversión.

✓ Debemos gastar de manera **inteligente**.

1

¿Es fácil
ganar dinero?

La respuesta a la pregunta: *"¿es fácil ganar dinero?"* pareciera obvia y sencilla de responder. Sin embargo, está lejos de ser comprendida por la mayor parte de las personas.

Ganar dinero es relativamente fácil, lo complicado, y casi imposible para la mayoría de la gente, es ganar dinero suficiente y de manera residual. Pero todavía **es más difícil conservarlo.**

Debemos comprender que el dinero residual es **aquel que trabaja para mí** y esto se logra cuando se **invierte** de la mejor manera y constantemente.

Cuántas veces hemos visto a un vecino o a un conocido que se ha ganado la lotería, que ha heredado una suma importante de dinero o un buen negocio y que, pese a ello, con el paso de los años, lo ha perdido todo. **Ganar suficiente dinero requiere de habilidades y destrezas**; sin embargo, no basta con la ambición. La persona que verdaderamente quiere ser rica es aquella que posee ciertas habilidades y conocimientos para lograr que su patrimonio crezca.

Dicen que un vendedor nunca le dirá la verdad sino aquello que usted quiere oír con tal de convencerlo para comprar un producto o servicio. En nuestro caso, escuchará aquello que incluso le molestará porque supone el cambio de formas y patrones de conducta. Por ello, el plan que se propone en este libro va más allá al compartir los secretos reales para hacerlo rico. Esto es posible, gracias a las condiciones de la economía mundial.

Presentamos esta información porque es el momento adecuado para aprovechar las condiciones creadas por los mismos magnates para hacerles compartir con nosotros su dinero.

Recuerde que si fuera fácil enriquecerse y ganar dinero no existiría tanta desigualdad en el planeta. **El 4% de la población controla 80% de la riqueza mundial.** Curiosamente, estas personas tienen, además de las actitudes necesarias, los conocimientos que se lo permiten.

Es cierto que el dinero significa poder, pero, gracias a las condiciones de globalización, como nunca antes, usted puede tener **acceso** a los **mercados financieros** sin el impedimento de no tener dinero.

96% de la población

4% de la población

80% riqueza

20% riqueza

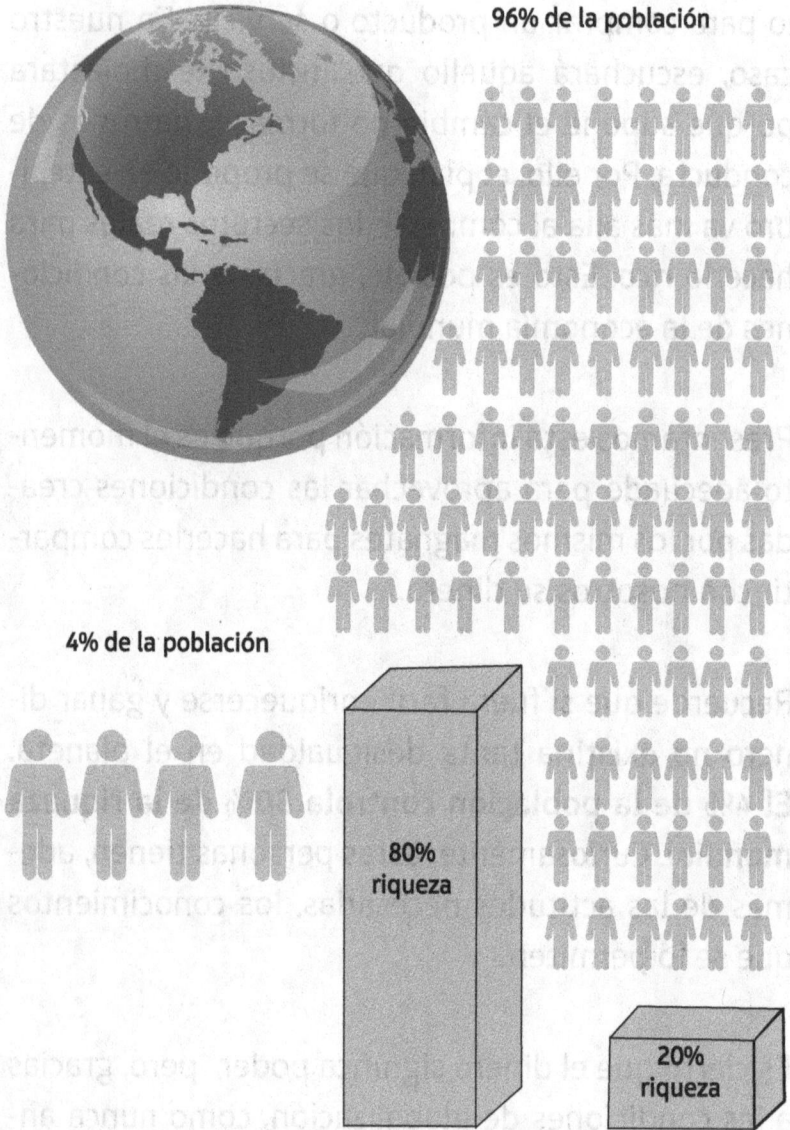

Este curso pretende precisamente **equilibrar** más la **riqueza** del mundo, para lograrlo es necesario: utilizar las mismas herramientas que los millonarios implementan.

En mi experiencia, he descubierto que las **leyes inmutables** para que una persona se enriquezca son básicamente las siguientes:

1. Amar el **dinero más que a su deseo** por satisfacer sus necesidades inmediatas.

2. Ser **persistente**.

3. Conocer el funcionamiento del **dinero**.

4. Tener **paciencia**... mucha paciencia.

5. Aplicar siempre la regla del **costo-beneficio**.

6. Ser **ordenado** en sus finanzas personales.

7. Evitar las **deudas**.

8. Sacrificarse hasta no haber alcanzado sus **objetivos**.

9. **Dudar** ante recomendaciones que no dan resultados.

10. Ganar dinero es una **guerra** para la que está preparado...

PROBLEMA*

Supongamos que debe elegir entre algunas de las siguientes operaciones comerciales. Conforme a su experiencia, ¿cuáles serían las mejores alternativas?

- Una cantidad de dinero que ganó de manera imprevista la invirtió en el banco en lugar de pagar la tarjeta de crédito.

- Se compró un coche nuevo a una tasa de interés de 20% anual. La deuda representa 40% de sus ingresos.

- Su esposo(a) vendió unos muebles en $31,000 que le costaron $30,000 hace tres años.

- Paga sus deudas porque es su deber, pero le da vergüenza cobrar a un primo que le debe dinero.

- Su negocio generó $30,000 de ganancias, lo cual significa que necesariamente debe tener dinero, pero sólo hay $2,000 en la caja.

---

* Los comentarios a los problemas los podrá consultar en el sitio web señalado en la página 6 de este libro.

2

Generación del dinero

No importa en qué esté pensando, sólo existen **tres formas para generar dinero:**

1. Suerte
2. Trabajo
3. Ingenio

Definitivamente la **suerte** sería la manera menos conveniente, porque es muy difícil que ocurra con certeza y se crearía una dependencia de "probablemente sucederá" en nuestras vidas.

El **trabajo** es el modo habitual para generar, mantener e incrementar el dinero. Pero no es un factor exclusivo por el que se convertirá en rico. "Toda la vida trabajando y parece que no progreso…" es un comentario común.

El **ingenio** es el valor añadido que damos a nuestro trabajo. Este elemento potencia y multiplica los efectos sobre trabajo, pero también sobre el dinero.

En este caso nos referiremos al **ingenio** como la **habilidad para hacer que nuestro dinero se multiplique con el paso del tiempo.**

Se puede nacer con esta destreza pero, estoy seguro, también se puede adquirir. Esta obra trata precisamente de incrementar sus habilidades financieras, por ejemplo, y hacer que su dinero crezca de manera importante.

Y para que este ingenio tenga los efectos deseados debe acompañarse de las "**tres eses de la riqueza**":

✓ **S**istema de trabajo.

✓ **S**ea ordenado y persistente.

✓ **S**istema de evaluación.

Más adelante haremos los comentarios precisos sobre estas variables tan importantes para su plan de riqueza financiera.

3

Por qué funciona nuestra propuesta

Es muy importante diferenciar, de una vez por todas, qué es una **inversión** y qué es una **deuda**…

Uno de los errores más comunes es creer que la compra de una casa (mediante un crédito hipotecario) o de un coche (a crédito) es una inversión que me hará más rico.

¡Ningún **crédito** es una **inversión**, sino un **pasivo**! Las instituciones financieras y las casas comerciales están más que satisfechas porque gracias a esta creencia nos venden sus créditos y nos los cobran con creces.

Capacidad para ahorrar

De igual forma, otro error grave de los consumidores es pensar en que sí pueden pagar el crédito y no en **cuánto van a terminar pagando** por el empréstito (préstamo).

Estas dos circunstancias han hecho y seguirán haciendo que las personas jamás puedan acumular la riqueza que añoran.

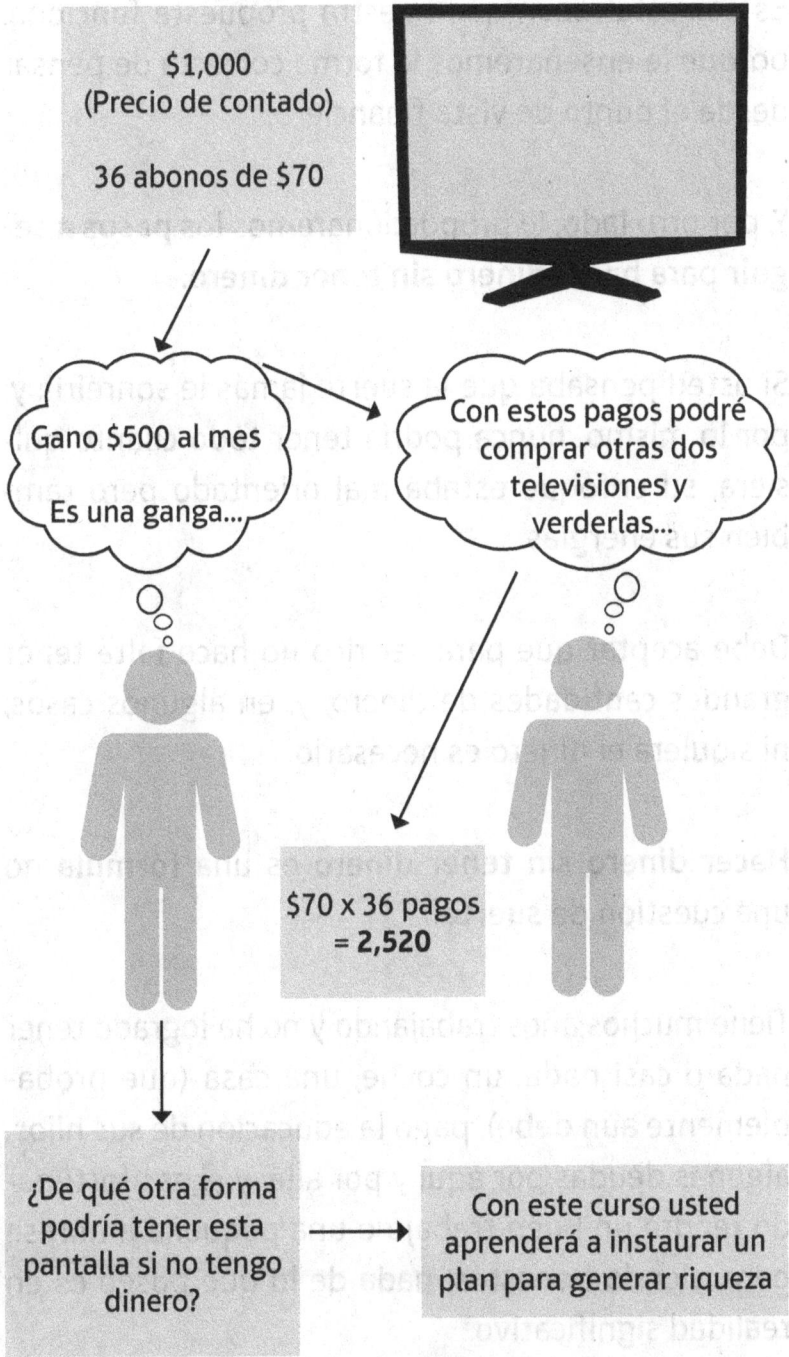

$1,000
(Precio de contado)

36 abonos de $70

Gano $500 al mes

Es una ganga...

Con estos pagos podré comprar otras dos televisiones y verderlas...

$70 x 36 pagos
= **2,520**

¿De qué otra forma podría tener esta pantalla si no tengo dinero?

Con este curso usted aprenderá a instaurar un plan para generar riqueza

Es por esta razón que nuestra propuesta funciona: porque le enseñaremos la forma correcta de pensar desde el punto de vista financiero.

Y, por otro lado, le proporcionaremos los **pasos a seguir** para **hacer dinero sin tener dinero**.

Si usted pensaba que la suerte jamás le sonreiría y, por lo mismo, nunca podría tener todo cuanto quisiera, su enfoque estaba mal orientado pero también sus energías.

Debe aceptar que para ser rico no hace falta tener grandes cantidades de dinero, y, en algunos casos, ni siquiera el dinero es necesario.

Hacer dinero sin tener dinero es una **fórmula** no una cuestión de **suerte**.

Tiene muchos años trabajando y no ha logrado tener nada o casi nada: un coche, una casa (que probablemente aún debe), pagó la educación de sus hijos, algunas deudas por aquí y por allá; y si es afortunado tendrá un buen trabajo o una pequeña empresa pero, siendo honestos, nada de lo que posee es en realidad significativo.

Nuestra propuesta funciona precisamente porque usted conocerá la forma para aprovecharse de las condiciones del mercado, de las instituciones financieras (a las que ya les ha pagado mucho dinero), y de los que ya tienen dinero para que lo compartan con usted.

Durante muchos años de experiencia como **asesor financiero** he notado el mismo **comportamiento** en la gente que **fracasa**: desconocimiento.

En cierta ocasión, exponía un tema sobre finanzas internacionales que impartía en una maestría en Finanzas y los alumnos estaban maravillados, por no decir incrédulos, cuando escuchaban las oportunidades que tenían para hacer dinero. Pero lo más sorprendente fue que un directivo de un pequeño banco también estaba impresionado. **El desconocimiento financiero no es privativo de nadie.**

Pero, por el contrario, **usted puede tener el mismo conocimiento valioso que poseen los grandes magnates y hacer que su dinero gane dinero.**

Sin embargo, pese a estos valiosos conocimientos que compartimos, debemos insistir en que la **mitad** del éxito de nuestro plan **dependerá** de usted, de su **actitud** más que de sus habilidades.

Asumiendo dicho compromiso, esta obra está diseñada para ser leída y aplicada cuantas veces sea necesario.

Recuerde que **una persona es sabia, no por lo que lee, sino por lo que recuerda**. Y usted dominará perfectamente las técnicas sólo si insiste en leerlas y recordarlas una y otra vez. Éste es el éxito de una de las mejores escuelas de negocios de Estados Unidos.

Ahora bien, queremos aclarar que lo que aquí se expone no entra en conflicto con sus creencias morales y religiosas, ya que única y exclusivamente nos basamos en un **principio** que le ayudará a **compaginar** nuestros consejos con su estilo de vida:

Una **persona** es **exitosa** cuando es poderosa **económicamente** pero, además, sabe **equilibrar** lo **material** con lo **espiritual**.

Por otro lado, siguiendo nuestro plan, los resultados que obtendrá serán medibles y cuantificables, por lo que se garantiza la objetividad y acierto de nuestras propuestas.

Y, ¿qué sucede si lo que ha logrado está por debajo de lo planeado?

En esta obra se presentan estrategias para hacer que sus objetivos se cumplan realmente. Partimos del hecho de que: "**¡El pensamiento positivo de nada sirve si las acciones no generan los resultados esperados!**"

Ésta es la principal causa por la que la **ley de la atracción**, el pensamiento positivo, el juego *Siga al líder*, y muchas otras teorías motivacionales no han tenido el impacto esperado porque: "asumen que las cosas se harán por sí solas, sin el **enorme esfuerzo** de voluntad que se requiere.

En muchas ocasiones, tras un brillante análisis estratégico, las empresas formulan una estrategia que, una vez puesta en marcha, fracasa.
El problema no reside sólo en saber adónde ir, sino en ponerlo en marcha…

Bill Gates

Este proyecto está diseñado para que nos compre la idea de que es un plan de vida que requiere **motivación**, **conocimientos valiosos** y, sobre todo, **romper viejos paradigmas** cuando ya no son útiles.

Los grandes magnates lo son precisamente porque saben que haciendo siempre lo mismo (incluso lo que otros hacen) jamás podrían obtener resultados diferentes...

A quién no le gusta el viejo proverbio chino que dice: "Regala un pescado a un hombre y le darás alimento por un día, enséñale a pescar y lo alimentarás para el resto de su vida".

Nuestro **error** no sería despreciar esta máxima sino adoptarla como algo inamovible. El empresario y multimillonario Carlos Slim perfeccionó el anterior pensamiento y lo llevó a otro nivel:

> La pobreza se resuelve con educación y empleos, no hace falta enseñarle a un hombre a pescar, como solían decir los chinos. Más bien, en lugar de darle el pescado, y en vez de enseñarle a pescar, se necesita enseñarle cómo vender el pescado para que, así, pueda comer algo más que sólo pescado...

La evolución del proverbio chino nos muestra con claridad que los **paradigmas** de los negocios están en constante cambio.

La forma en que se conciben los negocios está en constante evolución. Un inversor que no intente nuevas fórmulas, o novedosas formas de emprender un negocio, estará destinado al fracaso.

¿Sabía usted que los ingredientes para hacer **arroz chino** y arroz a la mexicana son prácticamente los mismos? Lo que **cambia** es la **forma en que se combinan** y el orden en que se cocina.

De igual modo, para aumentar la riqueza se necesitan **nuevas formas de inversión** pero también un nuevo estilo para administrarla.

La **evaluación** constante sobre los resultados que usted obtiene, con cada decisión, es otro factor clave que le permitirá conocer si va por buen camino. Aquí es donde las finanzas adquieren gran relevancia.

PROBLEMA

Ayudemos a Pedro en sus finanzas

Supongamos que Pedro trabaja como director de Producción en una empresa de calidad mundial, en donde percibe un ingreso bruto de $50,000 menos $8,600 de impuestos. Por otra parte, tiene dos departamentos que representan un ingreso de $3,000 (cada uno) menos $290 de impuestos.

Considere que gasta: $4,800 en despensa; $6,300 por crédito automotriz; $3,840 por pago de tarjetas de crédito ($25,000 en cuenta corriente a una tasa de 54%); $1,800 por gastos de fin de semana; $8,300 por colegiatura; $2,430 por gasolina y mantenimiento del coche; $2,500 en ropa; $430 por agua y luz; $900 por seguro de auto; $800 por Internet y TV; $400 por cigarrillos; $820 por bebidas; $1,300 por juegos de apuestas; y, también, entrega $4,000 a su mujer para gastos diversos. Además, ese mes tiene que pagar el impuesto por tenencia de $4,900 y los gastos de teléfono celular por $1,200.

Recientemente, ya cansado de trabajar al ritmo que lo hace, comenzó a quejarse de nunca tener dinero de sobra. El coche, incluso, ya con tres años de antigüedad, merecía ser cambiado por uno nuevo. En caso de déficit siempre usa las tarjetas de crédito a pagos sin intereses.

Utilizando el *cash flow* como indicador, ¿qué recomendaciones le haría usted a Pedro?

Anexo

Ahorros en la vivienda*

Respecto de las finanzas en el hogar, es posible mejorar los gastos y los consumos que realizamos en nuestras compras.

Normalmente no se pone mucha atención a los gastos de agua, energía eléctrica, gas, teléfono y otros servicios relacionados con el funcionamiento de las viviendas. Sin embargo, el primer paso para mejorar las finanzas personales es considerar que todo lo que no se usa y se paga, es un gasto alto e inútil.

No es bueno pagar un servicio que no se utiliza de forma eficiente.

---

* Este anexo fue desarrollado por el arquitecto Mauricio Ruiz Morales.

Hay que reconocer los servicios y consumos que son necesarios dentro de una vivienda y los que pueden ser prescindibles.

En la medida que sólo se consuman los servicios y bienes esenciales, se usará eficientemente.

De acuerdo con las más modernas propuestas de sustentabilidad (gastar menos para ganar más), hay que **consumir lo necesario**. Los consumos que no son fundamentales se traducen en un impacto negativo para el planeta y el bolsillo personal.

Hay cientos de **recomendaciones** que nos permiten consumir lo esencial de forma más respetuosa y responsable ante el medio ambiente y la sociedad.

Ser más **consciente** con el uso de los recursos materiales, energéticos y de trabajo, además de mejorar los recursos del planeta, **mejorará nuestras finanzas personales**.

A continuación presentamos algunos **ejemplos** que, al practicarse habitualmente, pueden mostrar ahorros significativos:

1. Todos los aparatos eléctricos consumen energía por el simple hecho de estar conectados a la corriente eléctrica (aunque se encuentren apagados). Es necesario **desconectar** cualquier aparato que no se use con frecuencia.

2. Los equipos de **enfriamiento**, como **refrigeradores** y aires acondicionados, consumen más electricidad al encontrarse **expuestos al sol.**

3. Mantener en buenas condiciones el **automóvil** familiar reduce el riesgo de fallas mecánicas y mejora el rendimiento de consumo de combustible.

4. Hacer una **lista de los productos** que se necesitan comprar en el hogar antes de visitar los mercados y supermercados ayuda a que sólo se adquiera lo necesario. Si vamos a estos lugares teniendo hambre, es posible que compremos más comida de la indispensable.

5. Contar con un **programa de mantenimiento** en la vivienda evita que se hagan grandes gastos inesperados en reparaciones.

6. Es importante que cada **seis meses se haga una limpieza integral de la casa** para saber qué cosas sobran, cuáles faltan y qué se puede reemplazar o reciclar.

Las recomendaciones anteriores se traducen en los siguientes **ahorros**:

40% de energía eléctrica.

40% de agua.

70% de reducción de deshechos, que impacta en una disminución en el gasto por artículos de limpieza y enseres domésticos.

30% en gasto por despensa familiar.

Fuente: WSGC (2014).

Esta reducción en los gastos domésticos afecta positivamente en el dinero que usted gana mes con mes, algunos estudios sugieren un **aumento de 25% en el poder de compra**, esto significa que podrá disponer de 25 centavos por cada peso de su sueldo para invertirlo.

4

Así funciona la economía

*Nos hallamos ante una **economía virtual** cuya única función es propiciar la **especulación** y sus ganancias emanadas de productos derivados inmateriales, en los que se **negocia** lo que **no existe**…*

Viviane Forrester.

La frase de la socióloga Viviane Forrester nos aclara que el sistema económico actual es un monstruo que acaba con toda posibilidad de hacer negocio.

En una investigación que realicé hace unos años descubrí, amargamente, que **8 de cada 10 empresas** no sobrevive más de tres años.

No obstante, podemos leer, entre líneas, que para subsistir es necesario tener el conocimiento sobre la forma en que funciona el **mercado** y aprovechar dicho conocimiento para generar riqueza.

Las actuales condiciones del mercado son **difíciles** para quienes **no están preparados** y **benéficas** para aquellos que **dominan las técnicas.**

Una característica esencial de los grandes hombres de negocios es su **educación**. Con este libro, usted dispone de una parte importante de esa misma educación que reciben los grandes magnates.

Sin embargo, queremos puntualizar que no es nuestro **objetivo** darle un curso intensivo de economía, sino que **conozca** los principios básicos del sistema económico que afectan su riqueza.

Para ello, es fundamental que aprendamos una ley de la economía y los negocios que dice:

"Cuando una persona gana
es porque otra ha perdido".

Precisamente nos apoyaremos en esta idea para generar riqueza.

Ahora bien, para entender el funcionamiento de la economía debemos distinguir la existencia de dos **grandes mercados** de inversión:

1. Mercado financiero

2. Mercado real

Esta clasificación, simplista si se quiere, le ayudará a entender cómo funciona el mercado y sus leyes en la generación del dinero. Veamos.

Según el sistema económico actual, la economía funciona con **dinero** y sólo con dinero (aunque algunas empresas "aventadas" trabajen a cambio de mercancías, a lo cual se le llama trueque).

Con base en esta forma de pensamiento, se ha llega-
do a asumir que el **dinero sea el principal activo** de
una economía. Trabajamos por dinero, satisfacemos
nuestras necesidades básicas con dinero y nuestro
patrimonio es valuado en dinero; el dinero es, pues,
el medio de cambio de una economía.

Además de entender la importancia del dinero, es
importante que conozca otros factores que afectan
su patrimonio; si no los considera, nunca podrá tener el nivel de vida que demanda por derecho.

Evidentemente, si usted no tiene dinero no **sobrevi-
virá**. Podrá tener una casa pero si no tiene trabajo,
o su negocio no vende, o no logra vender sus propiedades, no podrá alimentarse, ni vestir... Nadie
puede sobrevivir mordiendo los ladrillos de la casa.
A esta necesidad se lo conoce como **liquidez**.

Conocedores de esta realidad, los banqueros inven-
taron un medio por el cual una persona puede tener
dinero y comprometerse a pagar por él. A este costo
por carecer de dinero se le llama **tasa de interés**. Es
decir, el precio que estamos dispuestos a pagar por
no tener dinero.

Debemos aprender que las tasas de interés variarán (serán más altas o más bajas) según la institución financiera o la persona que nos preste el dinero.

El negocio de los bancos (y de cualquier institución financiera) es prestar dinero que no es suyo. Entonces, ¿de quién es el dinero? Evidentemente, de los grandes **capitalistas**, pero también de los pequeños ahorradores a los que se les paga un rendimiento.

Amén de decir que los bancos pueden prestar dinero ficticio. El sistema **fraccionario** (como se le conoce) consiste en prestar hasta cierto número de veces el dinero ahorrado por sus clientes.

El banco presta dinero pero lo motiva la **promesa de que el cliente le pagará** (devolverá) el capital más los intereses que genere el préstamo. De esta forma, todo **crédito** es un **pasivo** que no contribuye a la generación de riqueza, salvo aquellos casos en los que el dinero que se recibe se invierte en mercados (negocios) más rentables.

Por fortuna existen mercados de inversión que generan mayores rendimientos que las tasas de interés que nos cobran los bancos por los créditos.

1. Mercado financiero

Al mercado donde se presta dinero o se ahorra y, a cambio, se paga un interés se le conoce como mercado financiero. Aquí se **comercia** con **dinero** y, en la actualidad, las ganancias que ofrece son mucho mayores que las que le proporcionaría un negocio del mercado real.

Como se deduce, es en este mercado en donde nosotros podremos obtener un **crédito**, por ejemplo, automotriz, hipotecario, tarjeta de crédito, comercial o industrial, por mencionar sólo algunos. Pero también aquí podemos invertir.

Para acceder a este mercado en las mejores condiciones se requiere de mucho conocimiento y es precisamente sobre este punto que el presente libro le ayudará como parte de su secreto: acceder en las mismas condiciones que los grandes millonarios, que por esta misma circunstancia lo son.

Probablemente usted ya sabía esto, pero no ha considerado que los bancos cobran grandes sumas de dinero por sus **ansias** de comprar aquellos bienes y servicios que le hacen falta.

Un estudio reciente demuestra que el pago que un cliente ha efectuado por un coche comprado a crédito es de ¡tres veces su valor!

Funcionamiento básico del sistema bancario

Ahorrador   **Acreditado**

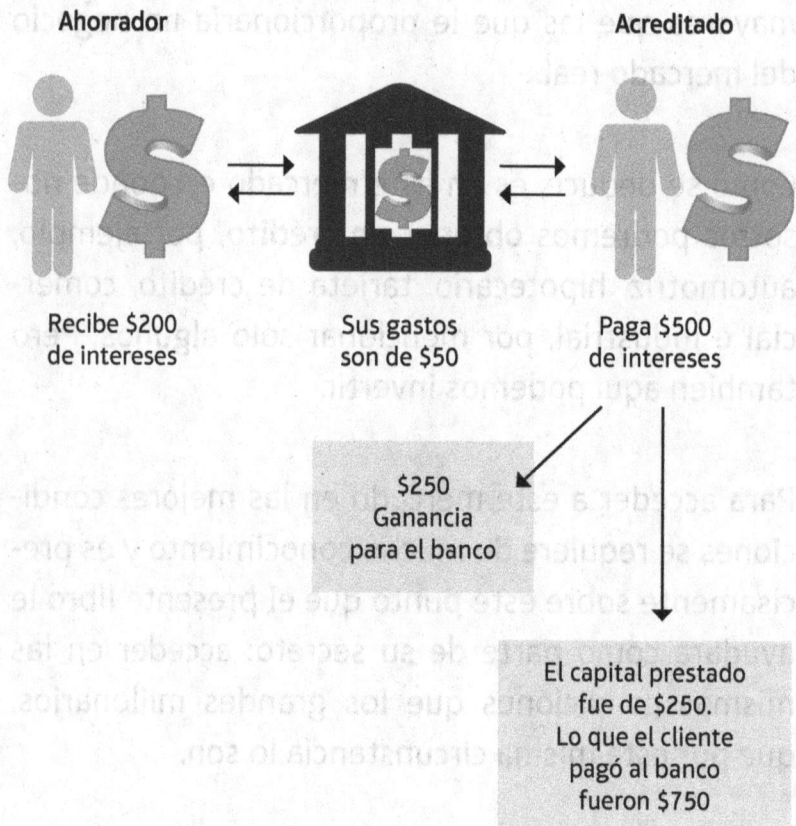

Recibe $200   Sus gastos   Paga $500
de intereses   son de $50   de intereses

$250
Ganancia
para el banco

El capital prestado
fue de $250.
Lo que el cliente
pagó al banco
fueron $750

¿Es malo, entonces, pedir créditos?

No es malo siempre y cuando nos demos cuenta de que los créditos deben ser solicitados sólo si el dinero genera **ganancias superiores al dinero que pagaremos por él.**

Si usted pide prestado, procure que ese préstamo se utilice para un negocio que le genere mayores ganancias que lo que está pagando por el crédito.

De igual forma, puede solicitar un préstamo para un auto pero los pagos que haga por el crédito tienen que salir con holgura de su bolsillo, también, dicho auto permitirá ser más eficiente en su trabajo lo cual redundará en mejores ingresos.

Se exceptúan en este análisis los préstamos **reactivos.** Es decir, los créditos que se piden con carácter urgente por alguna contingencia. Éstos son los más caros pero usted pagará su alto costo por no prever.

Tasas de interés

Relacionado con el tema del crédito también se debe hablar de las **tasas de interés**. Con frecuencia me preguntan sobre la conveniencia de contratar créditos a tasa fija o aquellos que se ofertan a tasas variables.

Recordemos que las tasas variables suben o bajan en función de los niveles de inflación. Contrariamente, el crédito a tasa fija nunca baja ni aumenta su interés.

Mi recomendación es contratar créditos a tasa fija siempre que ésta se encuentre lo más cercano a la inflación en épocas de estabilidad. Definitivamente los créditos **nunca** son recomendables en **recesión** económica porque las tasas de interés siempre serán muy altas.

Al respecto, en épocas de recesión es mejor contratar créditos en instituciones no financieras como las cajas de ahorro porque son más lentas (menos sensibles) que los bancos, por ejemplo, para aumentar sus tasas de interés.

Consejos

1. Quiera más su dinero.

2. Evite pedir créditos de manera impulsiva diferenciando entre "sí puedo pagar" en lugar de "cuánto voy a pagar en total".

3. Utilice los créditos como una palanca para tener dinero y emprender un negocio o una inversión que generará altos rendimientos.

4. Aproveche las ventajas fiscales que supone pagar intereses. Esto hace que el costo disminuya considerablemente (cerca de 30%).

5. Utilice los mercados financieros para que le paguen intereses en vez de que usted los pague.

6. Algunos mercados financieros ofrecen rendimientos desde 1% hasta 18% mensual... ("el secreto" es saber con quién y cómo invertir).

2. Mercado real

El mercado real es aquel donde se producen y distribuyen los **bienes** y **servicios** que los consumidores necesitan.

En este mercado operan las fábricas, los intermediarios y demás empresas de la cadena de abastecimiento. Su importancia radica en que en este mercado trabaja la mayor parte de la población.

Los rendimientos que generan las empresas y los empresarios dependen de qué tan eficientes son.

No debemos olvidar que las ganancias que generan, después, se distribuyen bajo la forma de dividendos.

Una característica del sistema económico actual y que afecta al mercado real es que depende del dinero.

Una empresa o un empresario nada pueden hacer si no tienen dinero para comprar mercancía o pagar los gastos corrientes. El único camino será endeudarse.

Como podemos observar, el **mercado real** paga las enormes ganancias que se generan en el **mercado financiero**.

Por lo general, las ganancias en el mercado real oscilan en 5% anual. Aunque hay mercados vírgenes que van más allá de tal cifra. Si comparamos dichos rendimientos con los que las inversiones pueden alcanzar en los mercados financieros, realmente, son irrisorios.

Dónde debe estar

En la siguiente gráfica se muestra hacia dónde van las ganancias que se generan en la economía real y se explica, con claridad, por qué usted debe **aprovechar** el sistema económico actual que le permite enriquecerse si invierte y se administra adecuadamente.

La pregunta sería: **¿Cómo inicio esta inversión si no tengo dinero?**

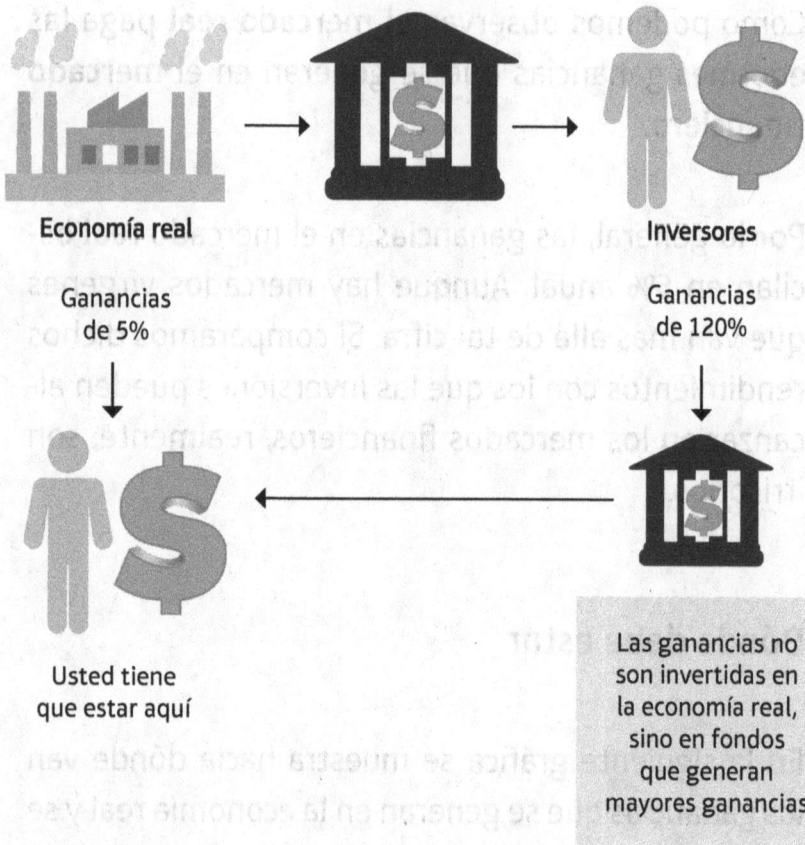

Economía real

Ganancias
de 5%

Inversores

Ganancias
de 120%

Usted tiene
que estar aquí

Las ganancias no
son invertidas en
la economía real,
sino en fondos
que generan
mayores ganancias

No olvide las siguientes frases que le ayudarán a entender el mensaje de este curso:

El **trabajo** genera dinero (suma).

Las **inversiones** financieras y los mercados vírgenes multiplican el dinero.

3. Afecta mi dinero

Recuerde que existen **dos** factores que afectan directamente su dinero:

a) Los impuestos.

b) La inflación.

Seguro usted tratará de protegerse comprando bienes inmuebles (casas, terrenos, autos, etcétera), pero una parte importante de sus inversiones son líquidas, es decir, en dinero. Por ello debe aprender qué lo afecta.

a) Los impuestos

Se llaman así porque son impuestos por el gobierno sobre las ganancias de los ciudadanos y los negocios. La tasa de impuestos y las condiciones en que se gravan las ganancias varían de país en país. Sin embargo, mostraremos el efecto típico que tienen los impuestos sobre nuestro patrimonio.

Si usted invierte en un instrumento financiero que le paga intereses, debe pagar impuestos sobre esos intereses. Por el contrario, si invierte en un instrumento de renta variable (se llama así porque no se garantiza una ganancia sino que existe la posibilidad, incluso, de perder), entonces, los rendimientos quedan libres de impuestos. Es por esta razón que se prefieren este último tipo de inversiones sobre las primeras. Veamos algunos ejemplos:

Instrumento	Tipo de inversión	Paga impuestos
Acciones	Variable	Sí/No
Inv. Banco	Fija	Sí
Divisas	Variable	No
Bonos	Fija	Sí
Obras de arte	Variable	No

PROBLEMA

De acuerdo con el ejemplo donde el Banco, S.A. le ofrecía un rendimiento de 4% anual, considere ahora que la tasa de impuestos es de 30%. ¿Cuál será el rendimiento real?

(Para conocer el rendimiento real tendríamos que descontar los impuestos que debemos pagar.)

Respuesta:

Tasa de rendimiento del Banco	4.0%
Tasa de impuestos 30%	
Impuestos por pagar	<u>1.2%</u>
Rendimiento real	**2.8%**

Esto significa que de 4% se tiene que pagar 30% de impuestos, es decir, 0.04 x 0.30, lo que da como resultado 0.012 (1.2%). Así pues, las ganancias que usted obtendrá serán sólo de 2.8%.

Pero el problema no está aún completo porque tendrá que ver si su ganancia no ha perdido poder adquisitivo. Para ello la técnica financiera nos obliga a quitar la inflación.

b) Inflación

Es el aumento constante en los precios y afecta su poder adquisitivo, es decir, la capacidad que usted tiene para comprar artículos con el mismo dinero. En este sentido, la inflación ocasiona que compre menos artículos y que pierda poder adquisitivo. Y es precisamente sobre esto que tiene que proteger su patrimonio.

La reflexión al respecto gira en torno a conocer si nuestro dinero no ha perdido poder de compra durante el tiempo que estuvo invertido. Veamos el siguiente ejemplo:

Supongamos que invertimos $50,000 durante un año en un banco que nos da una tasa de interés de 1% anual. Al cabo de ese año notamos que la inflación ascendió a 3%. ¿Realmente hemos ganado con esta inversión? Veamos:

Capital invertido: $50,000	+	Tasa de 1% Interes ganados $500	=	Monto: $50, 500

El 3% de inflación significa que, al final de un año, con su dinero **puede comprar menos** cosas, exactamente 3% menos. Es evidente que con el interés que le ha dado el banco no alcanza a recuperar (o proteger) su capital.

La pérdida de su poder adquisitivo es de 2%:

Pérdida = tasa de interés – inflación
= 1% - 3% = **-2%**

Con base en el ejemplo anterior, si invierte su dinero en instrumentos que le generan un rendimiento por debajo de la inflación, usted pierde y, desafortunadamente, así son la mayoría de las inversiones y ahorros que puede hacer como pequeño ahorrador.

Debemos aclarar que el resultado que se obtiene de restar la pérdida adquisitiva por inflación no es un dato real, sino sólo un indicador financiero (o mejor dicho irreal) que **refleja el efecto de la pérdida adquisitiva en su patrimonio o capital.**

Recuerde que la tasa de inflación deberá ser la del periodo de inversión. Inversiones a 6 meses les corresponde una inflación a 6 meses.

PROBLEMA

Vamos a suponer que el Banco, S.A. le ofrece un rendimiento de 4% anual y que usted mantiene la inversión durante un año. Por su parte, el aumento de los precios en el mercado se sitúa en 7.5% anual. ¿Le convendrá invertir en este banco? ¿Qué debe hacer para saber si está ganando dinero?

Respuesta:

Para saber si está ganando tiene que comparar la tasa que le da el banco contra la inflación del mercado. Es decir:

Tasa de rendimiento del Banco	4.0%
Inflación	<u>7.5%</u>
Rendimiento neto (pérdida)	**-3.5%**

Al final del plazo, usted realmente estará perdiendo 3.5% de su patrimonio, lo cual significa que se habrá **empobrecido** en esa misma proporción.

¿Qué debe hacer? Buscar alternativas que le den mayor rendimiento.

Me parece que estoy perdiendo dinero...

Rosita Pérez ha invertido todo su capital en un banco que le prometió las perlas de la Virgen, además, cada vez que va a la sucursal le dan un trato digno de una reina. Eso le interesa poco, lo que verdaderamente le preocupa es que su patrimonio se esté disminuyendo, al menos eso siente cada vez que va al supermercado a hacer las compras para la casa.

Analicemos su caso a un año de mantener su inversión en la misma institución financiera. El capital de Rosita fue invertido por partes iguales en dos instrumentos, uno de renta fija y otro de renta variable. La tasa de interés de renta fija que le da el banco es de 6.5% anual; en tanto, la inversión de renta variable (acciones) le ha generado una ganancia de 14.25%. Por su parte, la inflación en el mercado ha sido calculada en 5% y los impuestos que tendrá que pagar se hacen a una tasa de 30%.

¿Realmente Rosita habrá generado riqueza con esta inversión? Y, lo más importante, ¿qué decisión debería tomar si sabe que otros instrumentos ofrecen un rendimiento real de 12%? (Tasa que ya lleva descontada la inflación y los impuestos.)

5

Técnicas para hacer dinero

En este capítulo le presentaremos los **pasos** que deberá seguir para **hacer dinero sin tener dinero**, así como las distintas estrategias para conseguir y mantener su riqueza.

Es muy importante que no se salte los pasos hasta que no haya comprendido y aceptado plenamente el anterior.

Paso 1

Estar convencido

Antes de iniciar, debe estar totalmente **convencido** de que esto es lo que le conviene.

Tiene que estar seguro de que ésta es la **oportunidad** que estaba buscando.

Y debe luchar con todas sus fuerzas y recursos para alcanzar sus **objetivos**.

En este primer paso tiene que demostrar qué tanto cree en sus **sueños**.

No se trata sólo de motivarse por medio de pensamientos positivos (que son necesarios), sino de estar decidido a **modificar** viejas costumbres y paradigmas si ello supone una mejoría en su situación económica.

¡Usted quiere ser rico a como dé lugar! Y gozar de lo mejor que le ofrece la vida.

Paso 2

Instaure un plan de pagos

Es importante que haga un estudio sobre su actual situación económica. Posiblemente tiene deudas que está pagando y será preciso que los ingresos actuales los destine a cumplir con esos compromisos.

Debe saber que esta parte del programa a nadie le resulta agradable, porque supone sacrificios pero son necesarios. Es probable, incluso, que su ingreso no sea suficiente para pagar sus actuales deudas por lo que será esencial reajustar sus gastos.

Las técnicas de finanzas personales le auxiliarán a gastar de la mejor forma. En los talleres de finanzas personales que imparto con frecuencia descubro que no se sabe gastar. Cerca de 30% de los gatos son "no necesarios" o "mal ejercidos".

Esto quiere decir que si usted gasta adecuadamente podría ahorrarse hasta 30% y eso le serviría para pagar esas deudas que lo están ahogando.

Paso 3

Establezca un objetivo financiero

El objetivo es establecer **cuánto dinero** quiere tener al final del plan que le presentamos.

No hay un límite, pero la meta debe ser **creíble**.

El único criterio para definir su objetivo es que lo que produzca su esfuerzo debe ser suficiente para que viva de manera residual y **sin preocupaciones**.

Esto significa que el dinero le debe alcanzar para comprar la casa de sus sueños, emprender el negocio que siempre soñó, adquirir el coche que desea, viajar por el mundo, iniciar un programa de ayuda a la sociedad y brindar la mejor educación a sus hijos.

Para algunas personas 100,000 dólares serán suficientes, mientras que otras necesitarán 1,000,000 de dólares. No importa cuál sea su **meta: defínala** y establezca un **tiempo** para alcanzarla.

Paso 4

Hacer dinero

Si no tiene dinero, existen varias formas para obtener el capital que necesita para invertir. Aquí nos enfocaremos en las esenciales. Usted puede generar un capital de inversión inicial con las siguientes fuentes de dinero:

1. **Ahorros** provenientes de gastar menos.

2. **Venta** de bienes y propiedades.

3. **Préstamo** de alguna institución financiera.

4. Ingresos de un **trabajo adicional**.

Es importante que recuerde que el capital reunido **no debe, por ningún motivo, destinarse a otra cosa** que no sea la inversión que le proponemos.

Incluso, durante el plazo de inversión **no debe retirarse ni un centavo**.

Quiere ser verdaderamente rico, de una vez por todas, y no estar jugando a "Si yo fuera rico".

Fije el importe de inversión

No es necesario tener un gran capital para aspirar a ser rico. Eso es un tabú o creencia pero, como veremos, ser rico es una **actitud** ante la vida; sin embargo, es fundamental **dominar la fórmula** que aquí le presentamos.

Entre más alto sea el capital que usted invierta, más pronto cumplirá sus metas y esto le permitirá obtener recursos excepcionales.

No obstante, es necesario definir un **capital mínimo** de inversión porque los mercados financieros así lo exigen.

200 dólares sería lo mínimo para empezar a invertir. Sin embargo, si usted no cuenta con este capital, no se desanime; póngase un **plazo para reunirlo** (por ejemplo, 2 meses) y empiece a gozar de las ventajas que le ofrece este plan.

Por otro lado, debemos mencionar que el capital mínimo ideal para obtener importantes ganancias es de 5,000 dólares.

A este nivel, algunas instituciones de inversión le considerarán inversor VIP.

Paso 6

Defina la fuente de capital

1. Ahorros provenientes de gastar menos

Ésta es la mejor opción, desde donde se le mire, pero no todos podemos tener la posibilidad de ahorrar porque depende de nuestro flujo de efectivo que, al mismo tiempo, estará sujeto al (des)orden financiero que hemos tenido en el pasado.

Normalmente, conseguir dinero por esta vía nos llevará tiempo por ello debemos ser **pacientes**, e incluso, **reforzar** con otra fuente de capital.

2. Venta de bienes y propiedades

Esta opción será la más **conveniente** porque no genera un compromiso, aunque es la más "**dolorosa**" ya que da la sensación de despojo. Sin embargo, demuestra **cuánto se cree en los sueños**.

Debemos asumir que se sacrifica un bien pero se ganará con creces. Por mi parte, recomiendo siempre no **malbaratar** el bien.

En una ocasión, un empresario me dijo: "Estoy tan animado que venderé mi camioneta (que era muy ostentosa), me compraré un coche pequeño y, con el resto del dinero, empezaré a invertir. ¡Quiero ser verdaderamente rico!"

Al final, entendió que su **forma de vida** sólo le generaba **pasivos**, y lo que en realidad buscaba era la funcionalidad no la apariencia de algo que no era.

Ésta es la mejor forma de comprobar que estamos convencidos de este plan.

Esta fortaleza nos animará durante todo el proceso.

3. Préstamo de alguna institución financiera

Esta opción **no incluye** el dinero o préstamos obtenidos por agiotista, tampoco las tarjetas de crédito o cualquier otro crédito que resulta muy caro (por ejemplo, a una tasa superior a 24% anual).

Recordemos que el **crédito** solicitado se destinará en su totalidad para la **inversión**. La **clave** está en que los rendimientos que genere sean superiores al costo del capital que está pagando por el préstamo.

En el **ejemplo** siguiente existen dos formas de pagar el crédito: a) Con los mismos rendimientos que genera la inversión y b) No retirar nada de la inversión y pagar con sus ingresos normales. Esta segunda posibilidad genera mayor riqueza.

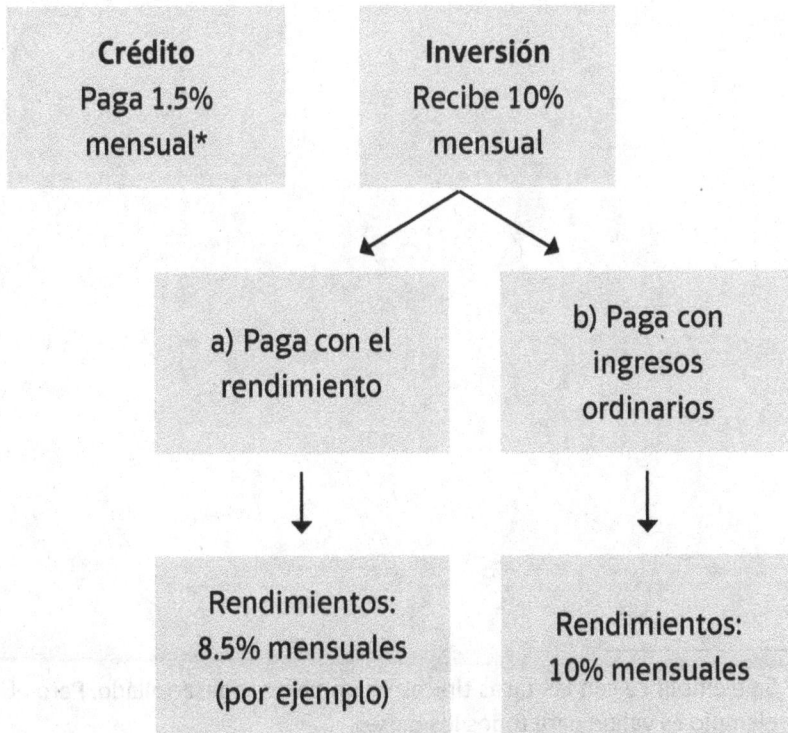

Crédito Paga 1.5% mensual*	**Inversión** Recibe 10% mensual

a) Paga con el rendimiento	b) Paga con ingresos ordinarios

Rendimientos: 8.5% mensuales (por ejemplo)	Rendimientos: 10% mensuales

¿Observa que se está generando dinero sin tener dinero? Por ejemplo, pensemos que invertimos $5,000 (que nos prestaron) y que al final del mes tendremos $425 en la opción a), y $500 en la opción b). Desde luego, esto ya incluye el descuento por el préstamo.

* Se ejemplifica con las tasas típicas de un país subdesarrollado. Pero el ejemplo es válido para todos los países.

Continuando con nuestro ejemplo, al cabo de 1 año, la opción b) habrá generado $6,000, en el peor de los casos, porque una de las características de los mercados de inversión es que se **capitalizan los intereses**; esto significa que, con el paso del tiempo, la inversión generará mayor rendimiento porque ha aumentado el capital.

La tabla siguiente ejemplifica este efecto. Como puede ver, realmente se ganaron $10,692 lo que representa más del doble de la inversión inicial. **No es arte de magia es cultura financiera.**

Mes	Capital Inicial	Intereses ganados	Capital al final (monto)
1	5,000.00	500.00	5,500.00
2	5,500.00	550.00	6,050.00
3	6,050.00	605.00	6,655.00
4	6,655.00	665.50	7,320.50
5	7,320.50	732.10	8,052.60
6	8,052.60	805.30	8,857.80
7	8,857.80	885.80	9,743.60
8	9,743.60	974.40	10,717.90
9	10,717.90	1,071.80	11,789.70
10	11,789.70	1,179.00	12,968.70
11	12,968.70	1,296.90	14,265.60
12	14,265.60	1,426.60	15,692.10
	Total de intereses	10,692.10	

Seguramente, ya se habrá dado cuenta hacia dónde vamos y, sobre todo, empezará a tener muchas dudas, pero las aclararemos en lo que resta del libro.

4. Ingresos de un trabajo adicional

Si usted tiene la fortuna de conseguir unas horas extras en algún trabajo adicional, esto le permitirá tener un ingreso con el que irá formando su capital de inversión.

Al igual que la opción "1. Ahorros provenientes de gastar menos", necesitará un plazo para reunir el capital pero perfectamente se pueden combinar estas dos posibilidades.

Y sólo si usted lo desea (lo aclaro porque éste no es el objetivo del curso) este libro le permitirá obtener ingresos adicionales. En el siguiente paso le explicaremos cómo hacerlo.

Paso 7

Defina su perfil de riesgo

Cuando hablamos de inversiones en los mercados financieros, debemos pensar en cierta posibilidad de **riesgo**. Al respecto, existen dos tipos de riesgo: a) riesgo operativo y b) riesgo financiero.

El riesgo operativo se refiere a que la entidad en la que invertimos nos **engañe**, en consecuencia, será el tipo de riesgo que **evitaremos**.

El riesgo financiero se refiere a que existe la posibilidad de que nuestras previsiones (estimaciones) no concuerden con lo que pasa en el mercado y, al final, no ganemos lo que esperábamos o incluso perdamos dinero.

Al respecto, los inversionistas experimentados tienen tres perfiles de riesgo: moderado, medio y riesgoso. La experiencia demuestra que un perfil de "riesgo medio" es suficiente para generar una riqueza atractiva. No lo olvide: riesgo medio.

Se dice que: "A mayor riesgo, mayores **posibilidades de generar ganancias**". Sin embargo, está demostrado que las inversiones muy arriesgadas generan pocas ganancias.

En el cuadro siguiente se muestra esta realidad. Considere la beta (ß) como el indicador de riesgo; una beta mayor a 1 significa un mercado muy arriesgado, por el contrario, una beta menor a 1 supone un mercado menos riesgoso. Observe que las inversiones en las acciones con una beta menor a 1 han generado los mayores rendimientos.

Sector	ß 4 años	Rendimiento 4 años %	Rendimiento sector/mdo.
Banco	0.96	218.01	1.67
Alimentos	0.80	161.94	1.24
Comunicaciones	1.12	146.08	1.12
Eléctricas	1.11	95.13	0.73
Índice	1.00	130.35	1.00

Paso 8

Mercados recomendados

¿Qué pasaría si invierte 5,000 dólares y, al cabo de 5 años, se convierten en $2,500,000 de dólares? Lo más probable es que, después de leer lo anterior, dude que esto sea posible o crea que se trata de promesas falsas o de operaciones fraudulentas... Pese a todo, existe esta posibilidad y por ello la compartimos. **El secreto radica en dónde se invierte y bajo qué forma se hace.**

Lo primero significa que usted está invirtiendo en los instrumentos que hay en el mercado, y lo segundo quiere decir que está utilizando técnicas de apalancamiento financiero para lograrlo. Ambas cosas se las mostraremos en este libro.

Según la experiencia, existen mercados no tradicionales (sin que ello suponga mucho riesgo) que brindan rendimientos que van desde 2% hasta 14% mensual..., así es, de 24% a 168% anual. Si compara estas ganancias con el magro 5% que le da su banco entenderá que es una oportunidad inigualable.

Los **mercados** más **rentables** son los siguientes:

	Rendimiento
Mercado de divisas Forex	>120%
Mercado de insumos	64%
Mercado de subastas *on-line*	50%
Proyectos *venture* capital	30%
Acciones Blue Chip	28%
Fideicomisos especializados	20%
Sociedades de inversión	15%

Fuente: Basada en datos del FMI, BIS, Bloomberg y Reuter (2013).

De acuerdo con lo anterior, observamos que el mercado de divisas (Forex), el mercado de insumos y el mercado de subastas *on-line* son los más rentables. Y es ahí donde se deben hacer las inversiones.

Usted se preguntará, ¿por qué la mayor parte de las inversiones no se hacen en estos mercados? La respuesta es que **60% de los grandes capitales se invierten en estos mercados**.

Lo anterior quiere decir que si usted invierte en el **mercado Forex** obtendrá jugosas ganancias. Pocos saben que fue precisamente por este mercado que China convirtió parte de su economía al capitalismo.

No iba a renunciar al mercado Forex que pasa por Hong Kong.

Es tan grande este mercado que si se gravaran las ganancias sólo con una mísera tasa de 0.1% (¡ni siquiera 1%!) desaparecería la pobreza del planeta. El Premio Nobel James Tobin lo dijo en la década de los setenta...

No es extraño que muy pocas personas hayan escuchado hablar sobre este mercado, incluso, son todavía menos los inversores que se "atreven" a invertir en este mercado porque desconfían de él.

Durante varios años, he observado que en este mercado existe un gran riesgo operativo (posibilidad de fraude), pero todo es cuestión de saber con quién invertir.

Precisamente, este libro le ofrece una guía sobre algunas de las principales **instituciones** serias que operan en Forex, están certificadas por la ACI (Alianza Cooperativa Internacional) y son reguladas por las autoridades de sus países de origen.

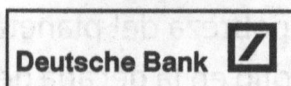

Algunos de los principales *brokers* que operan en el mercado Forex (2014).*

Otro mercado que llama la atención es el **mercado de subastas *on-line*** por su novedad y seguridad. "¡Imagine que es de mañana y enciende su computadora, luego, ingresa a su e-mail y encuentra decenas de mensajes que le avisan que ha realizado una venta y ahora tiene más dinero disponible!"

Así comienza un anuncio publicitario de un empresario que se dedica a este tipo de negocios. Notamos que, a diferencia del mercado Forex, el de subastas *on-line* se realiza sin tener mucha experiencia financiera.

---

* Si le interesa, puede ponerse en contacto con estos brokers (intermediarios), en sus páginas web, para mayor información.

Este tipo de mercado **se basa en comprar mercancías baratas** en una parte del mundo y venderlas en otro lugar, con la novedad de que el sistema de comunicación electrónico vincula tanto a compradores como vendedores y "echa a andar" la logística del proceso.

A continuación, se ilustra el funcionamiento general de este mercado.

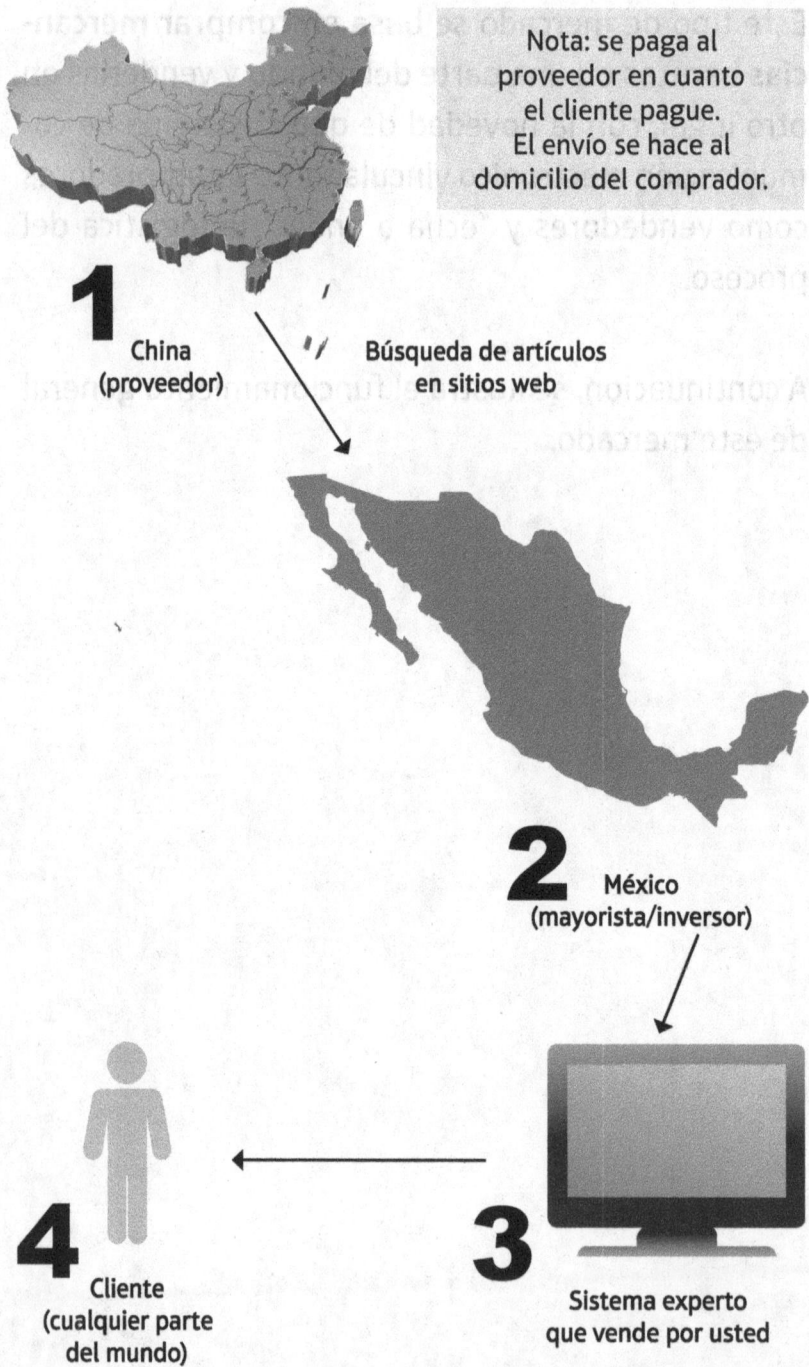

1 China
(proveedor)

Nota: se paga al
proveedor en cuanto
el cliente pague.
El envío se hace al
domicilio del comprador.

Búsqueda de artículos
en sitios web

2 México
(mayorista/inversor)

4 Cliente
(cualquier parte
del mundo)

3 Sistema experto
que vende por usted

Invertir en **acciones Blue Chip** significa comprar acciones de **empresas muy sólidas**.

Este tipo de acciones se encuentran en todos los países y se ofertan a través de los *brokers* (corredores) de las casas de bolsa.

A diferencia de otras épocas, las acciones Blue Chip incluyen acciones de empresas que, aunque no tengan mucha antigüedad, las expectativas del mercado hacen que sean empresas muy sólidas.

Ejemplos de este tipo de acciones:

✓ Empresas del sector geriátrico.

✓ Empresas del sector de energéticos.

✓ Empresas ecológicas.

✓ Empresas del sector sanitario.

Finalmente, hablaremos de un mercado en expansión, que se caracteriza por ofrecer enormes ganancias a sus inversores: el **mercado de insumos.**

En la actualidad, éste es el mercado más **seguro** del mundo y proporciona atractivos **rendimientos**. Incluye materiales como cobre, oro, petróleo o madera, por ejemplo. Ofrece excelentes ganancias precisamente porque comercializa recursos no renovables y, dado que son escasos, sus precios aumentan constantemente.

En la gráfica siguiente se muestran dos de estos insumos.

Demanda mundial de cobre

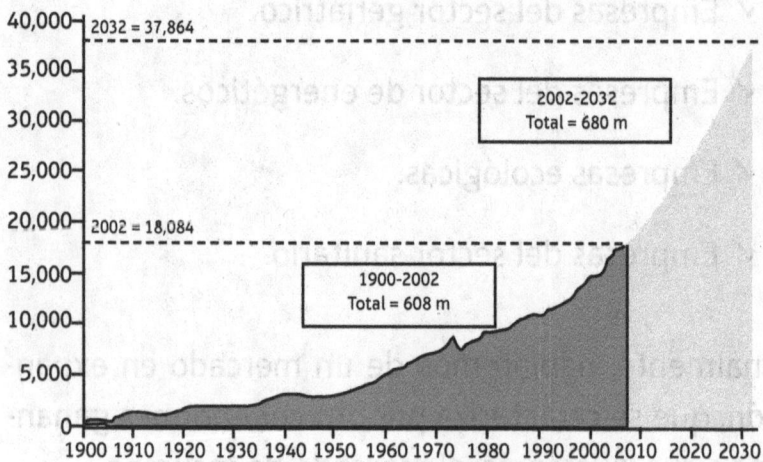

Paso 9

Contacte con el mercado en donde va a invertir

Es importante que se ponga en contacto con el lugar en donde ha decidido hacer la inversión para que:

1. Pregunte por las condiciones en las que se desarrollará la inversión como el plazo, las tasas, la forma en que le pagarán, etcétera.

2. Prepare la documentación previa a la inversión.

3. Cumpla con los requisitos legales que le solicitarán.

4. Establezca un canal de comunicación mutua.

5. Investigue sobre el lugar en donde va a invertir.

6. Aprenda el leguaje que manejan en este mercado.

Paso 10

Invertir por apalancamiento

Es probable que usted no tenga el capital mínimo para comenzar un negocio. Por ello es preciso regresar al Paso 4 "Hacer dinero", para recordar cómo conseguirlo.

Lo que se presenta en este Paso 10 va más allá... Se aborda el tema de cómo generar ganancias como las que obtienen los grandes inversores. La clave se llama **apalancamiento**.

El apalancamiento consiste en **aprovechar** el esfuerzo de otros para ganar más dinero. Existen varias formas de lograrlo. Veamos las más importantes:

a. Un club de inversores

Consiste en unirse con amigos, familiares o conocidos y, entre todos, juntar dinero para invertir. Desde luego que se deben compartir los rendimientos.

Al respecto, debe ser muy cauto en aclarar esto con sus socios.

Usted puede formar una sociedad de inversores y, después, solicitar los servicios de un notario para que establezca las reglas de la organización.

Por ejemplo: usted dispone de 300 dólares por los que recibiría 20 de ganancia, pero si forma una sociedad con otras dos personas (de toda su confianza) y entre los tres juntan 1,000 dólares, lo normal es que reciban mejores rendimientos, por ejemplo, 80 que repartirían entre todos. De los cuales le corresponderían 30 (que son 30% de su aportación).

Analicemos las ventajas:

20 dólares sin apalancamiento
30 dólares con apalancamiento ⟶ **aumento de 50% en las ganancias**

b. Préstamo crediticio

Significa que al pedir un préstamo a una institución financiera e invertir a tasas más altas que las del préstamo, nos apalancamos generando ganancias extraordinarias.

Este tipo de apalancamiento se prefiere, en lugar del anterior, cuando no se confía en los futuros socios. Sin embargo, esta opción puede combinarse con la primera para generar más riqueza. Veamos un caso:

Usted solicitó a una caja de ahorros un préstamo por 60,000 pesos y por ellos tendrá que pagar $800 de intereses más $300 de capital por mes. Ahora bien, la inversión con un intermediario del mercado de divisas le está generando $2,600 de intereses por mes. De esta suma usted puede hacer el pago de los intereses, por lo que la **ganancia residual** que está obteniendo es de $1,500 por mes.

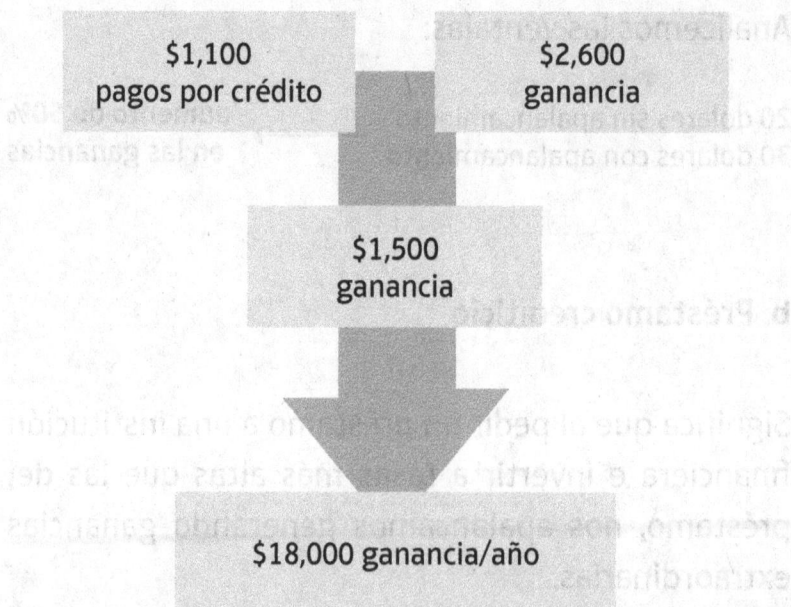

$1,100
pagos por crédito

$2,600
ganancia

$1,500
ganancia

$18,000 ganancia/año

Paso 11

No retire dinero antes de tiempo

El plan que le proponemos requiere que usted **no renuncie** antes de obtener los resultados planificados.

Es común que quiera gozar de los beneficios antes del tiempo planeado, pero así nunca podrá ser verdaderamente rico. En un capítulo siguiente le mostraremos la magia del tiempo sobre las inversiones.

Por el contrario, lo invito a que **incremente su capital** haciendo aportaciones "voluntarias" y aproveche el efecto apalancamiento de la inversión.

Paso 12

Aprenda el lenguaje del dinero

Desafortunadamente, para algunas personas este tema resultará tedioso porque se refiere a aprender a utilizar las **matemáticas financieras** para los cálculos que se requieren.

No le estoy pidiendo que sea un experto matemático, pero sí debe tener nociones de matemáticas financieras. Las hojas electrónicas (como Excel) le pueden ayudar en esta tarea. Le sugiero que las estudie, ya que así podrá resolver las cuestiones básicas que le menciono de forma más amigable.

Recuerde que no es fácil ganar dinero. Requiere de su participación, paciencia y conocimientos.

Paso 13

Revise sus resultados

Es necesario que evalúe los resultados obtenidos de la inversión. Para ello debe aplicar los criterios planteados en el tema "Afecta mi dinero".

Si los resultados no son los deseados, no se preocupe, en todo momento contará con un grupo de asesores que le ayudarán a rectificar sus operaciones.

La mejora en las inversiones siempre corrige el rumbo que está tomando su inversión. Es parte del aprendizaje por ello es necesario aprender.

Pese a los posibles malos resultados, no se pone en riesgo su proceso de generación de riqueza, pero para ello es necesario que escuche los consejos del asesor profesional.

Irá por buen camino si sus **rendimientos** son mayores que los que genera otra inversión similar pero, en especial, si excede a la **inflación** del periodo.

Paso 14

Nombre beneficiarios

Tener beneficiarios es una medida cautelar (preventiva) necesaria pues, en caso de alguna contingencia, su inversión estará asegurada.

Los riesgos más comunes son los accidentes o el fallecimiento, por ello se requiere que se designe al beneficiario de su inversión. Él podrá retirar o seguir operando su inversión.

6

Plan cinco

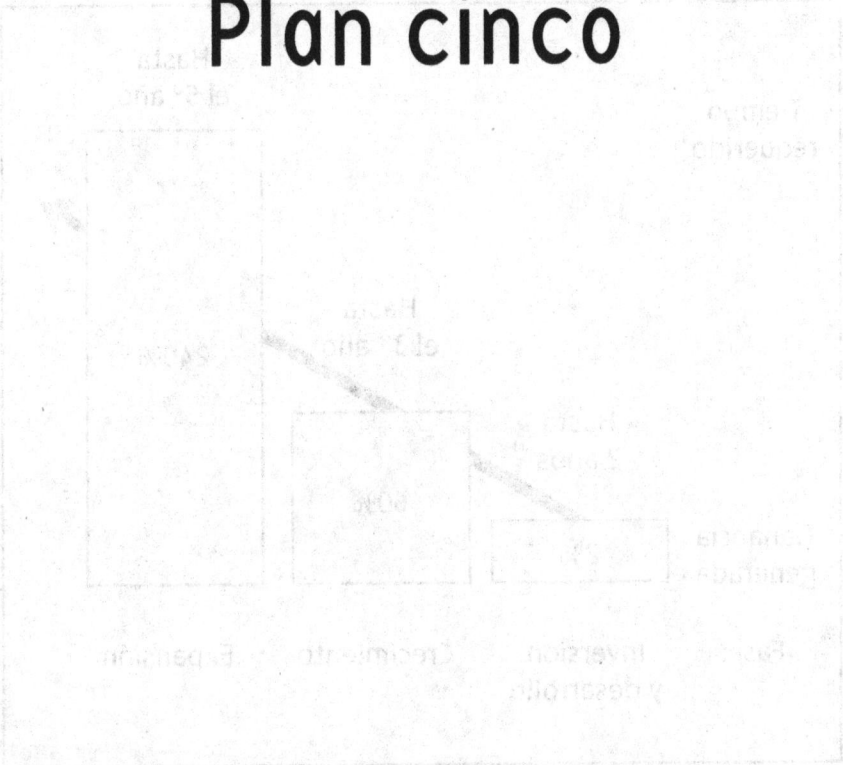

El **plan cinco** es el tiempo que garantiza obtener la ganancia que le permitirá alcanzar el nivel deseado.

Diversos estudios muestran que todo plan de negocios o plan financiero (inversión del dinero), presenta tres fases, tal como se muestra en seguida:

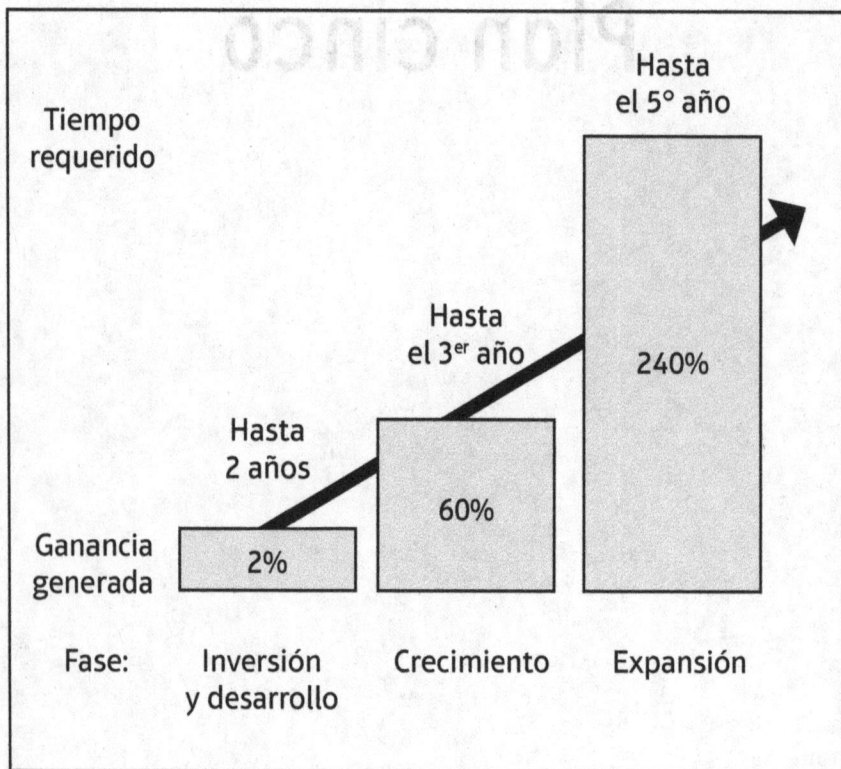

¿Cómo interpretamos la gráfica anterior?

Todo proyecto **consta de tres fases**. En la primera (inversión y desarrollo), el dinero reditúa por lo menos 20% en dos años, esto quiere decir que el capital que se ha invertido ha aumentado en 20%. Ésta es la parte **más importante** porque depende de su perseverancia y esfuerzo para potenciar la inversión hacia las siguientes etapas.

La segunda fase (crecimiento) terminaría al tercer año de haberse iniciado la inversión. En esta etapa se genera 60% de ganancias del capital original.

Finalmente, a partir del tercer año, si se han hecho las cosas como se indican en el plan para generar riqueza, el capital comienza a experimentar un **crecimiento muy alto**, en promedio, las ganancias que se generarán al final del quinto año serán de aproximadamente 240%. Es decir, 2.40 veces el capital invertido.

Del quinto año en delante las tasas de crecimiento serán muy atractivas, y, por lo tanto, las ganancias que se generan desde ese momento oscilarán en 90% anual.

La práctica demuestra que ningún proyecto tiene éxito financiero antes del quinto año. Por ello debe ser paciente y constante y adoptar todas las recomendaciones.

Después de este tiempo, el proyecto o la inversión generarán suficiente dinero para alcanzar la independencia financiera.

7

Breve curso sobre Forex

A continuación presentamos las características básicas del mercado más rentable: **Forex**.

Por el grado de especialización que requieren las inversiones en este mercado, es necesario contar con un **gestor de fondos.**

Contáctenos para asesorarlo respecto de los *brokers* (intermediarios) que mejor le convengan, así como los posibles gestores de fondos que tienen experiencia en este mercado. Cabe señalar que **no tenemos interés alguno en que invierta en este mercado**, sólo nos limitamos a brindarle la información que requiera.

¿Qué significa Forex?

✓ Es el acrónimo del término inglés Foreing Exchange y en español significa **mercado de divisas.**

✓ Es el mercado más **importante** del mundo (1.3 trillones de dólares diarios).

✓ Se liberalizó a partir de 1973 (Convención Bretton Woods).

✓ La **diferencia** entre los tipos de cambio permite obtener enormes ganancias.

✓ Opera las **24 horas** del día.

✓ Las operaciones están **libres** de riesgo.

✓ Las inversiones tienen **liquidez** inmediata.

✓ Desde la década de los noventa las operaciones son *on-line.*

Inversión

✓ No se pagan impuestos ni comisiones.

✓ **Su rentabilidad es de 12% mensual (en promedio).**

✓ *Spread* de hasta 1 pip.

✓ Se abre una cuenta en el país donde radica
el operador (comúnmente llamado operador
OCT).

✓ La cuenta queda abierta en la divisa que se
desee: USD, euros, libras, dólares canadienses,
dólares australianos o yenes.

Apertura

Mínima: 2,000 USD

Normal: 5,000 USD

Preferente: 7,000 USD o más

Cómo funciona

Contáctenos

Solicite

➲Que le llamemos
➲Respuesta por e-mail
➲Chat en vivo

➲Todas las vías de contacto

Línea Hispana

+41 22 310 18 85
+598 2 622 08 07

Comunicación las 24 horas del día, excepto los fines de semana...

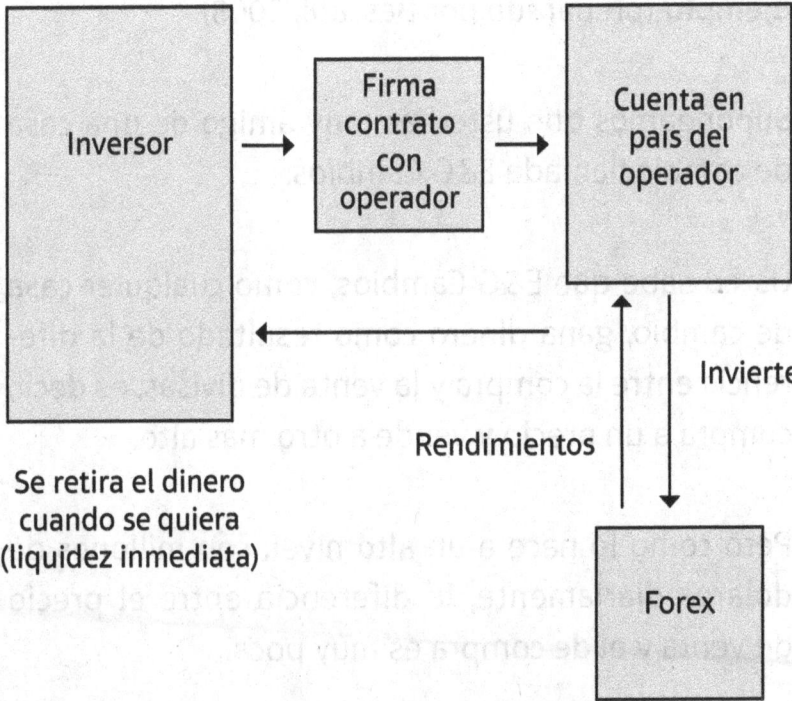

| Inversor | → | Firma contrato con operador | → | Cuenta en país del operador |

Invierte

Rendimientos

Se retira el dinero cuando se quiera (liquidez inmediata)

Forex

¿Por qué se generan tan buenos rendimientos en el mercado Forex?

El **secreto** está en el apalancamiento. Consiste en obtener rendimientos por encima del importe invertido porque el capital se junta a un *pool* para formar un capital más grande.

Los apalancamientos van de 100 a 1 hasta 400 a 1. Quiere decir que por cada dólar invertido se obtienen rendimientos de 100 dólares.

Ejemplo (preparado por Bassani, 2008):

Supongamos que usted es muy amigo de una casa de cambio llamada E&G Cambios.

Usted sabe que E&G Cambios, como cualquier casa de cambio, gana dinero como resultado de la diferencia entre la compra y la venta de divisas, es decir, compra a un precio y vende a otro más alto.

Pero como lo hace a un alto nivel, con millones de dólares diariamente, la diferencia entre el precio de venta y el de compra es muy poca.

Usted acude a E&G Cambios y observa que compra el euro a 1.1809 dólares y lo vende 1.1812. Entonces, piensa que el euro respecto al dólar subirá en unas horas y le dice a E&G Cambios:

"Quiero 10,000 euros, pero no los voy a pagar sólo deseo que me los aparten".

Entonces, E&G Cambios le dice a usted: "Está bien, déjeme 100 dólares de garantía y me quedará a deber 11,812 dólares; cuando me pague le devuelvo sus 100 dólares de garantía. Pero, además, los 10,000 euros me los voy a quedar aquí ya que son suyos, pero se los doy cuando me pague".

Para E&G Cambios esto supone una venta porque esos euros ya se los había comprado a alguien más en 11,809 dólares y ya ganó 3 dólares de seguro. A partir de ese momento puede suceder:

Supuesto:

El euro sube desde 1.1809 a 1.1883 en un par de horas. Usted se da cuenta de esto y va de nuevo a E&G Cambios. Ahora E&G Cambios compra euros en 1.1883 y los vende a 1.1886.

Entonces usted le dice a E&G Cambios:

"Yo le debía 11,812 dólares, ahora le vendo mis euros que me tiene apartados, me devuelve mis 100 dólares y la diferencia"... Y así se hace.

(Recuerde que usted había comprado sus euros a 1.18<u>12</u>).

E&G Cambios le compra los 10,000 euros por 1.18<u>83</u>, que es el equivalente a 11,883 dólares. Le resta lo que usted le debía:

$$11,883 - 11,812 = 71 \text{ dólares}$$

Usted ganó 71 dólares y, además, le devuelven sus 100 de garantía. Antes tenía 100 dólares y ahora tiene 171. Entonces, ganó 71% de su inversión en tan sólo unas horas.

Hay que aclara que:

Por cada 10,000 euros que le quiera apartar a E&G Cambios, le tiene que dejar 100 dólares de garantía. Por lo tanto, si usted quiere apartar 100,000 euros, le debe dejar 1,000 dólares como garantía.

En este caso, usted no va a ganar 71 dólares sino 710 e igualmente gana 71% de su inversión, y eso que el euro no subió siquiera un solo céntimo.

PROBLEMA

Rendimiento en Forex

Supongamos que tiene 60,000 pesos mexicanos y los quiere invertir en Forex, en una cuenta en dólares americanos. Asimismo, con sólo 10% de su capital puede obtener el rendimiento con un apalancamiento de 300 a 1.

La operación de compraventa se realiza en 10 minutos y canjea los dólares por euros porque tiene buenas expectativas sobre esta divisa (observe la gráfica). Esto le permitiría comprar barato y vender caro. Pero, como no tiene habilidades para operar, contrata a un operador que le cobra 0.5% de las ganancias.

El tipo de cambio al que usted compró los euros estaba en 1.35400 USD/EUR, en tanto que el tipo de cambio al que los vendió se situó en 1.36450 USD/EUR.

8

¿Cuánto tiempo se necesita para alcanzar el éxito?

Para saber cuánto tiempo se necesita para alcanzar el éxito tenemos que recordar el tema del apalancamiento que es, definitivamente, el elemento que permite la obtención de ganancias impensadas. Aparece a partir del tercer año y su efecto va creciendo.

Sin embargo, en finanzas existe una ley que dice que inversiones **menores a cinco años** no producen la riqueza deseada. Póngase una meta de cinco años para retirar parte o todo el capital que ha invertido.

Las inversiones a corto plazo (menores a cinco años) resultan poco atractivas.

Esto no significa que usted no pueda retirarse en el tiempo que quiera; sólo le estoy indicando que **el efecto mágico del apalancamiento comienza a tener resultados a partir del tercer año y se potencia a partir del quinto año.** En la página siguiente veremos un ejemplo.

Existe otro secreto para entender el efecto del apalancamiento que se llama **capitalización** de intereses.

Esto quiere decir que los interese que ha ganado su inversión no se retiran sino que pasan a formar parte del capital, de esta manera, el capital crece y, por lo tanto, los intereses ganados también.

Esto es así porque, recordemos, los intereses se pagan en función del capital invertido.

Ejemplo:

Supongamos que usted invierte 5,000 dólares a una tasa mensual de 4%, ahora, encuentre los intereses del primer y del segundo mes.

Mes	Capital	Tasas de interés	Cálculo	Intereses pagados	Nuevo importe de capital
1	5,000	4%	=5,000*.05	200	5,200
2	5,200	4%	=5,100*.04	208	5,408

Los intereses del primer mes son de 200, mientras que los del segundo mes son de 208, esto se explica por el incremento en el capital que hubo en el primer mes.

PROBLEMA

Usted invierte 5,000 dólares a una tasa mensual de 4% y los intereses se capitalizan (pasan a formar parte del capital), dicha inversión se mantiene por 5 años.

¿Cuál será el capital al final del quinto año? Aunque se puede resolver con una ecuación de interés compuesto, nuestro objetivo es mostrarle los efectos del apalancamiento a través del tiempo que hace que una inversión sea interesante en los plazos que le estamos mencionando. Veamos qué sucede en los primeros dos años de inversión.

Mes	Capital	Tasa de interés	Intereses pagados	Nuevo importe de capital
1	5,000	4%	200	5,200
2	5,200	4%	208	5,408
3	5,408	4%	216	5,624
4	5,624	4%	225	5,849
5	5,849	4%	234	6,083
6	6,083	4%	243	6,327
7	6,327	4%	253	6,580
8	6,580	4%	263	6,843
9	6,843	4%	274	7,117
10	7,117	4%	285	7,401
11	7,401	4%	296	7,697
12	7,697	4%	308	8,005
13	8,005	4%	320	8,325
14	8,325	4%	333	8,658
15	8,658	4%	346	9,005
16	9,005	4%	360	9,365
17	9,365	4%	375	9,740
18	9,740	4%	390	10,129
19	10,129	4%	405	10,534
20	10,534	4%	421	10,956
21	10,956	4%	438	11,394
22	11,394	4%	456	11,850
23	11,850	4%	474	12,324
24	12,324	4%	493	12,817

De 5,000 dólares que se invierten, al segundo año ya se tienen 12,817, es decir, casi tres veces la inversión inicial.

Pero veamos lo que sucede en el tercer y quinto año...

Mes	Capital	Tasa de interés	Intereses pagados	Nuevo importe de capital
36*	19,730	4%	789	20,520
37	20,520	4%	821	21,340
38	21,340	4%	854	22,194
39	22,194	4%	888	23,082
40	23,082	4%	923	24,005
41	24,005	4%	960	24,965
42	24,965	4%	999	25,964
43	25,964	4%	1039	27,002
44	27,002	4%	1080	28,083
45	28,083	4%	1123	29,206
46	29,206	4%	1168	30,374
47	30,374	4%	1215	31,589
48	31,589	4%	1264	32,853
49	32,853	4%	1314	34,167
50	34,167	4%	1367	35,533
51	35,533	4%	1421	36,955
52	36,955	4%	1478	38,433
53	38,433	4%	1537	39,970
54	39,970	4%	1599	41,569
55	41,569	4%	1663	43,232
56	43,232	4%	1729	44,961
57	44,961	4%	1793	46,760
58	46,760	4%	1870	48,630
59	48,630	4%	1945	50,575
60	50,575	4%	2023	52,598

*A partir del tercer año se potencian los resultados

¡En el tercer año tenemos cuatro veces el capital inicial! Y en el quinto año se tiene diez veces la inversión inicial. Se pasa **de 5,000 a 52,598 dólares**…

…éste es el efecto mágico del apalancamiento.

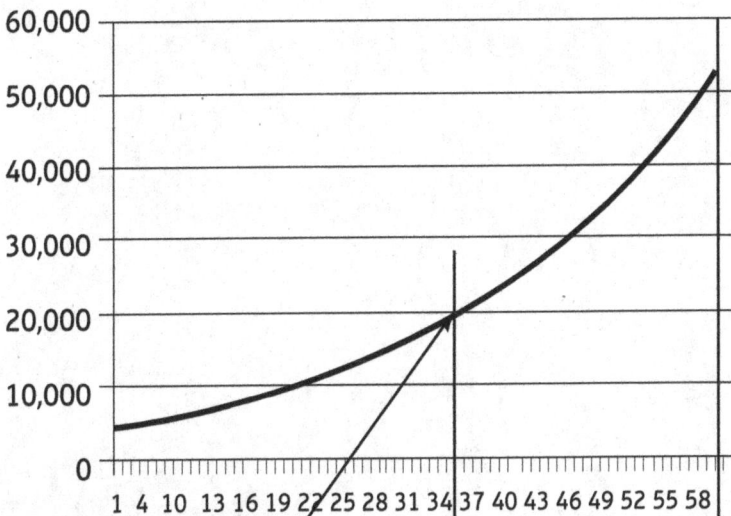

A partir del tercer año los intereses comienzan a crecer a un ritmo interesante

En los últimos dos años se crece al doble

9

Evaluación
de resultados

Para evaluar los resultados es preciso poner en práctica los **conocimientos** expuestos en este libro. Sin embargo, como dueño de esta obra, usted tiene la posibilidad de descargar una **hoja electrónica** que le ayudará en esta tarea.

Sólo tiene que **llamar** a nuestras operadoras, facilitar la **clave** y su **nombre**, y a vuelta de e-mail se le envía la hoja electrónica sin costo adicional.

Pero veamos el procedimiento:

- Capital inicial.

- Capital final.

- Horizonte de inversión (tiempo que está evaluando).

- Tasa de inflación por el periodo que está evaluando.

- Tasa de impuestos que usted pagará sobre las ganancias.

Nota: si está planificando, no contará con el importe del capital final, en este caso, puede calcular los rendimientos de acuerdo con las tablas del capítulo anterior.

Adicionalmente, requerirá utilizar la fórmula de **rendimiento** que se escribe de la siguiente manera:

Rend. = (Capital final / Capital inicial) -1

Así obtendrá una ganancia en términos porcentuales y no en términos monetarios.

Recuerde que a este rendimiento se le quitan los intereses y el efecto de la inflación, después, se le compara contra otros rendimientos.

PROBLEMA

Supongamos que los resultados de su inversión son los siguientes:

Capital inicial: 50,000 euros

Capital final: 62,000 euros

Horizonte: 6 meses

Tasa de inflación anual: 10%

Impuestos: 20%

Asimismo, sabe que otro instrumento financiero está ofreciendo un rendimiento de 10%. Entonces los resultados serían:

1. Inflación periodo = (0.10/12) *6

   Inflación periodo = 0.05

2. Rend. = (62.000 / 50.000) - 1 = 0.24

   Rend. neto = (Rend. - Impuestos) - Inflación

   Rend. neto = [0.24 x (1 - 0.20)] - 0.05

3. **Rend. neto = 0.142 = 14.2%**

Conclusión

Aparentemente se tenía una ganancia de 24%, pero luego de descontar los impuestos y la inflación llegamos a la conclusión de que se generó 14.2%.

Este resultado es óptimo puesto que está por encima de otro instrumento financiero que sólo ofrece una ganancia de 10%.

10
Caso global

Tomasita Méndez es directiva de la empresa XYZ; sin embargo, vive al día; entre los gastos de la casa, la hipoteca y el colegio de los niños, difícilmente puede ahorrar y ni siquiera puede soñar con crear una fortuna...

Ayudemos a Tomasita a empezar su **programa** de **"Hacer dinero sin tener dinero"**. Tiene que reunir 1,500,000 para emprender un negocio que tiene en mente y así poder dejar de ser empleada y tener más tiempo para disfrutar la vida.

Actualmente, percibe un ingreso de 5,200 dólares por mes, de los cuales 2,100 son para gastos de casa; 1,800 para la hipoteca y 1,300 para otros pagos.

Analizando sus gastos de casa nos damos cuenta de que se pueden disminuir en 20% y que los otros gastos no son indispensables. Por otro lado, datos del Banco Central muestran que la inflación anual estimada será de 4.5%.

Y las alternativas de inversión son las siguientes:

Inversión	Rend./mes agresivo medio	Rend./ mes agresivo	Capital mínimo	Tasa de impuesto
ABC-Forex	9.8%	1.4%	7,000 USD	20%
Banco	0.5%	0.5%	500	10%
Bonos de gobierno	1%	1%	4,000	15%
Gestora de bosques	3.5%	3.5%	5,000	30%
Acciones	5% (posible)	7%	2,000	0%

Se sabe que un banco le presta 5,000 dólares a una tasa de 9% anual y le cobra los intereses sobre saldos insolutos a un plazo de 5 años.

Considerando que los rendimientos de la inversión son fijos para los 5 años que dura ésta y que los intereses se capitalizan porque no se retirará nada: ¿Le será posible a Tomasita emprender su negocio y continuar invirtiendo?

Paso 1. Estar convencido

Se puede deducir que Tomasita está convencida del plan. Querer hacer su propia vida es una razón suficiente que la motivará durante todo el proceso.

Paso 2. Instaurar un plan de pagos

Tomasita ha decidido analizar las posibles fuentes de capital, como sus ingresos, el préstamo bancario y, en especial, ha investigado sobre los distintos instrumentos en los que puede invertir.

Asimismo, ha reunido toda la información necesaria, así que puede continuar con el programa.

Paso 3. Establecer objetivos financieros

Están perfectamente identificados:

a) Montar una empresa en un plazo menor a 5 años.

b) Lo ha cuantificado en 1,500,000 de dólares.

c) La riqueza la permitirá contar con tiempo libre.

Paso 4. Hacer dinero

Ha identificado las fuentes de capital: gastar menos y pedir un préstamo a un banco. Además, Tomasita no piensa destinar los recursos a ninguna otra actividad ni retirarse antes de tiempo.

Paso 5. Fijar el importe de inversión

En la tabla siguiente se observa que se puede comenzar a invertir a partir de 500 dólares pero, realmente, no se alcanzan rendimientos atractivos, eso comienza a partir de 2,000 (en acciones) por lo que ése será el importe mínimo. Aunque la meta es reunir los 7,000 que exige Forex por ser el mercado más atractivo.

Inversión	Rend./mes agresivo medio	Rend./ mes agresivo	Capital mínimo	Tasa de impuesto
ABC-Forex	9.8%	1.4%	7,000 USD	20%
Banco	0.5%	0.5%	500	10%
Bonos de gobierno	1%	1%	4,000	15%
Gestora de bosques	3.5%	3.5%	5,000	30%
Acciones	5% (posible)	7%	2,000	0%

Paso 6. Definir la fuente de capital

Tomasita dispondría de los siguientes recursos:

1. Reducción de gastos

		Gasto reducido (-20%)
Sueldo	5,200	5,200
Gastos de casa	2,100	1,680
Hipoteca	1,500	1,500
Otros	1,300	0
Ahorro para invertir	300	**2,020**

2. Préstamo bancario   **5,000**

Total de dinero invertible   **7,020**

Observamos que, para fortuna de Tomasita, con el préstamo y la reducción de gastos del primer mes se juntan 7,020 dólares para comenzar a invertir en Forex que es la opción más conveniente.

Paso 7. Definir el perfil de riesgo

De acuerdo con las distintas alternativas de inversión, Tomasita eligió el mercado Forex.

Y, dado que el perfil de riesgo es **riesgo medio**, entonces, el rendimiento esperado será de 9.8%.

Conclusión

Se generan recursos suficientes para pagar el crédito bancario y para montar la empresa.

11

Consultoría personalizada

En términos generales, nuestro grupo de asesores harán que...

Una inversión inicial de:

5,000 dólares

Se conviertan, al cabo de cinco años, en:

2,800,000 dólares

Al llegar a este punto, indudablemente, habrá logrado su meta: ser millonario en un par de años. Y, por ello, nos esforzaremos junto con usted.

Visítenos en:

http://www.mdconsulting-forex.com.mx
/hacer-dinero-sin-tener-dinero/

Síganos en:

https://www.facebook.com/riqueza.financiera

O escríbanos al correo:

riqueza.financiera@hotmail.com

Bibliografía

Di Vincenzo, Osvaldo, *Matemática financiera*, Kapelusz, Buenos Aires, 1993.

Mosqueda, Rubén, *Quiebra empresarial. Modelo RPV*. Editorial IMEF-Deloitte, México, 2010.

—————, *Modelo de gestión exitoso*. Documento de trabajo, ITESM, México, 2012.

—————, "Crecimiento sostenido: clave del éxito", Revista *EmpreTec*, Tecnológico de Monterrey, México, 2014.

Ross, Westerfield y Jaffe, *Finanzas corporativas*, McGraw Hill, México, 2012.

Samuelson, Paul A., *Macroeconomía*, McGraw-Hill / Interamericana de España, 2006.

Acerca del autor

Rubén Martín Mosqueda

Es doctor en Ciencias Empresariales por la Universidad de Valencia (España).

Se desempeña como profesor investigador en el Tecnológico de Monterrey campus Aguascalientes. Y es autor de cinco libros en materia financiera.

Ha sido galardonado, en varias ocasiones, con el Premio Nacional de Investigación Financiera del IMEF-Deloitte.

Ha impartido la cátedra en materia de finanzas corporativas y fundamentos económicos a nivel doctorado y maestría en distintas universidades de México, Estados Unidos, Holanda y España.

Ha sido Director de Vinculación del Centro México Emprende de Canacintra-Irapuato. Y ha trabajado como gerente de varios bancos comerciales.

Ha sido consultor de proyectos de inversión para el gobierno federal, así como para varias empresas multinacionales y cámaras de representación empresarial del país y del extranjero.

Es consultor y consejero en varias representaciones empresariales. Y ha realizado misiones comerciales por varios países con resultados favorables.

Esta edición se imprimió en enero de 2015,
en Grupo Impresor Mexicano, S.A. de C.V.
Av. Ferrocarril de Río Frío, núm. 2,
Col. El Rodeo, C.P. 08500, México, D.F.